David Rawlings

DER GEPÄCKTRÄGER

DER GEPÄCKTRÄGER

DAVID RAWLINGS

Eine Erzählung über die Kunst, unbeschwert zu leben

francke

Über den Autor:
David Rawlings hat als Sportjournalist und Werbetexter viel Erfahrung darin gesammelt, mit seinen Worten unterschiedliche Menschen anzusprechen. Er ist dreifacher Vater und lebt mit seiner Familie in Adelaide, Australien. Sein Roman »Der Gepäckträger« wurde mit dem Christy Award als bestes Debüt des Jahres ausgezeichnet.

MIX
Papier aus verantwortungsvollen Quellen
FSC® C014138

Bibliografische Information der Deutschen Nationalbibliothek
Die Deutsche Nationalbibliothek verzeichnet diese Publikation in der Deutschen Nationalbibliografie; detaillierte bibliografische Daten sind im Internet über http://dnb.dnb.de abrufbar.

ISBN 978-3-96362-150-5

Originally published in English under the title
The Baggage Handler
by arrangement with Thomas Nelson,
a division of HarperCollins Christian Publishing, Inc., USA
German edition © 2020 by Verlag der Francke-Buchhandlung GmbH
35037 Marburg an der Lahn
Deutsch von Julian Müller
Umschlagbilder: © iStockphoto.com / gerenme; Rawpixel
Umschlaggestaltung: Verlag der Francke-Buchhandlung GmbH
Satz: Verlag der Francke-Buchhandlung GmbH
Printed in Czech Republic

www.francke-buch.de

Was uns belastet,
ist nicht unser Gepäck,
sondern die Entscheidung,
es zu tragen.

KAPITEL 1

Die Angst, die schon beim Lesen von Beckys E-Mail in ihr aufgekeimt war, drückte Gillian Short tief in ihren Sitz, während die anderen Passagiere sich durch den Mittelgang an ihr vorbeischoben, eine Schlange aus Gähnen, Augenreiben und wachsender Ungeduld.

Gillian öffnete die Schnalle ihres Gurts. Eigentlich waren die nächsten Schritte ziemlich einfach: aufstehen, das Handgepäck aus dem Fach herunterheben, aussteigen. Allen um sie herum schien das entsprechend leichtzufallen.

Aber von denen musste ja auch niemand fünf Tage mit ihrer Schwester verbringen.

»Alles in Ordnung?«, fragte eine junge Mutter, die gerade dabei war, ihr schlafendes Baby in ein Tragetuch zu setzen, von der anderen Seite des Gangs.

Gillian schob ihre Brille zurecht und gähnte. Die Antwort schlug Purzelbäume in ihrem Kopf. *Nein. Ich wäre gern woanders, ganz egal wo, nur nicht hier.* Aber sie brachte die Worte nicht über die Lippen. Welcher Mensch ging nicht gern auf die Hochzeit eines Familienmitglieds?

Sie.

Die junge Mutter hängte sich noch eine Tasche um und nahm ihr geduldig wartendes Kleinkind an die Hand.

Gillian ging auf, dass ihr Schweigen langsam unhöflich wurde. Sie lenkte die Aufmerksamkeit von sich weg – ein bewährter Reflex: »Ihre Kleinen sind ja süß! Brauchen Sie Hilfe?«

»Nein, aber vielen Dank«, sagte die Frau lächelnd. »Schönen

Tag noch.« Sie griff mit ihrer freien Hand nach einem kleinen Rucksack und reihte sich mit ihren Kindern in der Schlange ein, die sich inzwischen einigermaßen flüssig vorwärtsbewegte.

Gillian schüttelte verblüfft den Kopf. *Ich wünschte, ich wäre so eine Mutter.* Als ihre Jungs noch klein gewesen waren, hatte es militärische Präzision und gefühlt eine Woche Planung gebraucht, um sie auch nur in den Hochstuhl zu befördern. Mit ihnen irgendwohin zu fliegen, wäre ein Ding der Unmöglichkeit gewesen. Vielleicht wäre es das sogar noch heute. Ja, sie waren älter, aber allein der Gedanke an das Chaos, das sie anrichten könnten, versetzte Gillian in Panik.

Der Knoten in ihrem Magen zog sich noch fester zu.

Gillian warf einen Blick auf ihr Handy. Becky hatte nichts geschrieben – noch nicht. Sie konnte der Verlockung, kurz zu checken, was es Neues auf Facebook gab, nicht widerstehen. Eine Flut von schillernden Eindrücken wischte unter ihrem Daumen vorbei: Urlaubsfotos aus der Ferne, Zitate, die sie zu Großem inspirieren sollten, ironische Hashtags und politische Einsichten, wie man die kaputte Welt reparieren konnte, dazu Fotos von lachenden Familien im Alltagsgeschehen. Von allen nur das Beste. Facebook wollte wissen, was sie gerade machte, eine Frage, die sie nie hundertprozentig wahrheitsgemäß beantwortete. *Gerade gelandet – und jetzt auf zur Hochzeit! Das wird ein Wahnsinnsevent!* Kaum hatte ihr Finger diesen künstlichen Gedanken in die Welt geschickt, überkam sie die Selbstverachtung.

Die Kabine war leer und die Luft muffig. Gillian trödelte schon wieder. Sie seufzte und stand auf.

Also dann.

Sie hatte gar keine andere Wahl gehabt, als der Aufforderung ihrer Schwester zu folgen. *Du musst einfach bei Jessicas Hochzeit dabei sein! Deine Nichte ist die erste Enkelin, die heiratet, alle aus der Familie werden da sein, und außerdem hast du die meisten davon schon viel zu lange nicht mehr gesehen.*

Die letzten Tage waren vollgestopft gewesen. Sie hatte ihren

Mann auf alle möglichen Fälle vorbereitet, damit die Jungs drei Tage ohne ihre Mutter auskamen, und die Kühltruhe war gut gefüllt, damit sie nicht verhungerten.

Gillian holte ihre große, mit floralem Muster bedruckte Reisetasche aus dem Gepäckfach. Erneut verkrampfte sich ihr Magen. Je näher sie ihrer alten Heimat kam, desto schlimmer wurde es und die Turbulenzen während des Fluges hatten nicht gerade geholfen. Eigentlich müsste der Tapetenwechsel ihr guttun. Endlich eine Gelegenheit, dem unerbittlichen Terminkalender zu entfliehen. Endlich einmal durchatmen. Eine schöne Feier und die Zusammenkunft der ganzen Familie genießen. Aber da war dieses Flüstern in ihrem Kopf. Es hatte nach Beckys Mail angefangen und nicht wieder aufgehört.

Also schön. Augen zu und durch.

KAPITEL 2

David Byrne hastete zur Gepäckausgabe, die von einem Netz aus Stahlspeichen und glänzendem Metall überspannt war. Eine Wand aus Menschen und Geplapper versperrte ihm den Weg; Passagiere aus fünf Flugzeugen umringten die Förderbänder.

David fluchte leise. Er war absolut nicht in der Stimmung, sich von irgendwelchen Leuten aufhalten zu lassen. Nicht nach allem, was gestern Abend passiert war.

Zielstrebig bahnte er sich einen Weg durch die Menge und suchte an den Anzeigetafeln nach seiner Flugnummer. Am Band, das am weitesten vom Ausgang entfernt war, flackerte der Bildschirm, dann leuchteten die passenden Ziffern auf, doch das schwarze Gepäckband blieb still.

David wischte sich den Schweiß von der Stirn. Er musste dem Vorstand unbedingt gelassen gegenübertreten. Zum Glück wurde er zum Meeting gefahren und konnte unterwegs noch einmal in Gedanken die Präsentation durchgehen. Er würde denen schon beweisen, wie falsch sie lagen! Und vorher konnte er ja schauen, was die Minibar hergab, und sich noch ein wenig Mut antrinken. Er hatte sich zehn Jahre lang mit Leib und Seele für *Sisyphus Financial* aufgeopfert. Was wollten sie noch?

Sein Handy schwieg. Keine Nachricht von Sharon. Was konnte man an seinem Ultimatum missverstehen?

Versprich mir, dass es wirklich vorbei ist.

Sharon hatte geschwiegen. Und tat es immer noch.

David suchte in seinem Telefon nach einer Nachricht mit den Details über seine Ankunft. Seine Suche war ergebnislos. Vor einem Jahr noch hatte der Vorstand für ihn den roten Teppich ausgerollt: Eine Limousine mit voller Minibar für den erfolgreichsten Zweigstellenleiter im ganzen Land. Er verzog das Gesicht. Die letzten zwölf Monate waren hart gewesen. Nicht nur fürs Geschäft.

Wie von selbst rief er seine Bildergalerie auf und tippte auf ein Familienfoto aus einer glücklicheren Zeit. An diesem Tag hatte Caitlin ihr Elsa-Kleid bekommen und in seiner kleinen Familie war das *Eiskönigin*-Fieber ausgebrochen. Sharon lächelte – schon deshalb wusste er, wie alt das Bild ungefähr war –, aber Caitlin strahlte geradezu. David ging noch immer das Herz auf, wenn er daran dachte, wie glücklich er sie mit seinem Geschenk gemacht hatte. Er hatte die Läden in der ganzen Stadt nach der kleinsten Kleidergröße durchkämmt, um seine sechsjährige Prinzessin in eine Disney-Königin zu verwandeln.

David dachte an den Grund, warum er hergekommen war, und die glückliche Erinnerung wurde sofort überschattet. Wenn er seinen Job verlor, würde Caitlin keinen Grund mehr haben zu strahlen.

Eine Reihe von zwölf Männern in Anzügen stand am Ausgang. Ihre auffälligen Chauffeurmützen kontrastierten mit den weißen Schildern, die sie vor der Brust hielten.

Welcher ist meiner? Bestimmt der Große mit dem Zahnpastalächeln.

Das gewundene, schwarzsilberne Monstrum von Gepäckband rührte sich immer noch nicht. Hinter den Wänden herrschte das Flughafentreiben, dröhnten Motoren und quietschten Reifen. Auch an den anderen Bändern herrschte eifrige Geschäftigkeit. Alle außer ihm bekamen ihre Koffer zurück und rauschten davon.

Hinter ihm räusperte sich jemand. »Verzeihung, Sir?«

David blickte über die Schulter. Ein junger Mann mit marineblauem Basecap und blauer Latzhose lehnte sich an einen glänzenden Gitterwagen. Auf seiner Brust prangte ein Schild mit der Aufschrift »Gepäckservice«.

»Ja?«

Der junge Mann zog kurz seine Kappe und dicke schwarze Locken fielen ihm in die Stirn. Er wippte auf den Fußballen. »Ich bin der Gepäckträger. Brauchen Sie Hilfe mit Ihren Sachen?«

Ein Glücksfall. Der erste seit Langem.

David drehte sich um. »Wissen Sie«, sagte er, »ich muss schleunigst hier raus, also, wenn Sie herausfinden könnten, wo mein Koffer bleibt, wäre ich Ihnen sehr dankbar.«

Der Gepäckträger lächelte. »Tut mir leid, Sir, da müssen Sie sich einfach noch ein bisschen gedulden. Aber ich stehe bereit, wenn Sie Hilfe beim Tragen brauchen.« Seine tiefblauen Augen strahlten mit seinem Lächeln um die Wette.

Davids Nerven lagen blank. Was um alles in der Welt dauerte da so lange? Er brauchte die Verkaufszahlen, um überhaupt noch eine Chance zu haben, seinen Job zu behalten. Hätte er sie doch bloß im Handgepäck mitgenommen! Wieso konnte die Airline nicht einmal vernünftig ihre Arbeit machen?

»Wie gesagt, wenn Sie mich brauchen, bin ich sofort für Sie da.« Der Mann schob seinen Wagen zum anderen Ende des Gepäckbands.

Komischer Vogel.

Allmählich trudelten die Passagiere von Davids Flug ein und machten seinen durch den Sprint vom Flugzeug gewonnenen Vorsprung zunichte. David schnaubte und angelte in seiner Tasche nach einer weiteren Magensäuretablette. Seine Bauchschmerzen wurden immer schlimmer. Kein Wunder, schließlich stand seine Existenzgrundlage auf dem Spiel und er würde in Kürze zwölf Herren gegenüberstehen, die sich nur dafür interessierten, wie viel Geld er einbrachte. Wer würde da keine Stresssymptome zeigen?

Eine Frau stellte sich neben ihn und hievte sich schwitzend eine große Reisetasche mit Blumenmuster über die Schulter. Sie sah aus, als würde sie überall sein wollen, nur nicht hier. *Willkommen im Klub.*

David beugte sich etwas näher zu ihr. »Guten Flug gehabt?«

Ihr aufgesetztes Lächeln erstickte das Gespräch im Keim. David kannte dieses Lächeln. Sharon hatte es in den letzten Monaten perfektioniert.

Das Gepäckband ruckte und David wandte sich wieder den schwarzen Gummistreifen zu, durch die die Gepäckstücke jeden Moment hindurchkommen sollten. Da! Oder auch nicht. Kurz hatte er sich eingebildet, dass der Vorhang sich bewegte.

Das Band setzte sich in Schneckengeschwindigkeit in Gang. Ein Aufkleber – auf ewig verbunden mit dem dunklen Grund – zog hypnotisierend langsam an ihm vorüber und verschwand im breiten Bogen auf die andere Seite der Ausgabe. Und sein Koffer war noch immer im Bauch des Flughafens gefangen.

Wird das heute noch was?

Gillians Handy piepte und es war, als würde sie in diesem Augenblick in ihrem eigenen Leben zur Zuschauerin.

Ich bin gleich bei dir und nehm dir den Koffer ab.

Becky, die große Schwester, die ewige Beschützerin. Eine Superheldin, die ihren Umhang liebte.

Hinter ihr stieß jemand einen Freudenschrei aus. Gillian drehte sich um und sah, wie eine junge Frau einem jungen Mann mit einem riesigen Blumenstrauß um den Hals fiel.

Ich wünschte, Rick würde mich mal so empfangen.

Ihr Telefon klingelte und irgendwie hatte sie Beckys Stimme schon im Ohr, bevor sie ranging.

»Gilly, ich bin bei der Gepäckausgabe. Wo bist du?«

Sie schaute sich um und sah Becky auf Zehenspitzen drei Gepäckbänder weiter stehen und ihrerseits suchend durch die volle Halle spähen, bis ihre Blicke sich trafen. Becky winkte und eilte herbei; wie selbstverständlich ließen die Wartenden sie durch.

»Schön, dass du es geschafft hast!« Becky legte Gillian die Hände auf die Schultern. »Lass dich doch mal ansehen.«

Gillian wollte nicht angesehen werden. Ihr Blick ging zu Boden. Das Gefühl, im Schatten ihrer Schwester zu stehen, war schmerzhaft vertraut. Hochgewachsen wie sie war, im Bleistiftkleid, durchgestylt von den blonden Haaren bis zu den lackierten Zehen in Peeptoes von *Dolce & Gabbana*, bot Becky wie immer ein beeindruckendes Bild. Gillian wand sich unter ihrer eingehenden Musterung. Sie war sich ihrer kaum als solcher erkennbaren Frisur – dem Resultat eines hastigen Aufbruchs vor Sonnenaufgang – nur zu bewusst; ihr Make-up war noch im Koffer und unter ihren Augen zeigten sich mit hoher Wahrscheinlichkeit Tränensäcke, die auf einem der Gepäckkarussells hätten mitfahren können.

»Wie geht's dir?« Becky umarmte Gillian fest und hüllte sie dabei in ihre Chanel-Wolke. »So eine dumme Standardfrage, oder? Der Flug war okay, schätze ich? Du, ich muss mein Konzept für die Blumendeko beim Pre-Wedding-Dinner abliefern. Ich werde dich zu Hause absetzen und das gleich erledigen. Ich habe uns zum Lunch einen Tisch im *Marcellinas* reserviert. Es gibt so viel zu erzählen! Wie lange haben wir uns nicht gesehen? Gab es eigentlich Turbulenzen während des Flugs? Und habt ihr es gut zum Flughafen geschafft?«

Wie immer sprang Becky von Thema zu Thema wie eine *Jeopardy!*-Kandidatin mit Espresso-Flatrate.

Jetzt löste sie sich ruckartig von Gillian. »Ach, es ist so toll, dass du da bist! Ich freue mich so, dass es geklappt hat. Es ist schon viel zu lange her und die Woche wird grandios, glaub mir! Wir sind ja alle so aufgeregt wegen Jessicas Hochzeit. Verrückt, dass sie wirklich schon heiratet!«

Und so fing es an. Fünf Tage allein mit Quasselstrippe Becky, die nicht nur ohne Punkt und Komma über ihr Leben redete, sondern dabei auch unentwegt heraushängen ließ, wieso sie so viel besser darin war, ein derart großartiges zu führen.

»Wo ist denn überhaupt dein Koffer?« Becky versuchte über die Köpfe der Menschen zu schauen, die sich um das Gepäckband scharten. Gillians Blick fiel auf einen pinkfarbenen Button an Beckys Revers, der genau auf Augenhöhe angebracht war: *MUTTER DER BRAUT. Es ist auch mein Tag.*

Ihre große Schwester rempelte sich durch die Menge, schob einen jungen Mann im Hoodie beiseite und belauerte das Gepäckband wie ein Aasgeier.

Es würde eine lange Woche werden.

Michael Downer stolperte und konnte seinen Sturz gerade noch abfangen. Fast hätten seine Knie Bekanntschaft mit dem kalten, polierten Boden gemacht. Sein Magen gab ein lautes Knurren von sich. Er hatte ihn während des Flugs standhaft ignoriert, weil er für eines der eingetrockneten Sandwiches glatt einen Kredit hätte aufnehmen und selbst für einen Müsliriegel zehn Dollar hätte hinblättern müssen. Sein Vater hatte ihm den Flug bezahlt und Taxigeld für die Hin- und Rückfahrt zur Universität gegeben, dazu noch dreißig Dollar, um einen Universitätspullover der Clarendon University zu kaufen, damit er den Trainer beeindrucken konnte. Aber keinen Cent mehr.

Diese Reise war der nächste Karriereschritt in Michaels Leben, bei dem er kein Mitspracherecht hatte. Gleichzeitig würde sie darüber entscheiden, ob er es auf die Uni schaffte – mithilfe dieses Leichtathletikstipendiums. Deswegen war er auch in Hoodie und Trainingshose geflogen statt in Jeans und seinem geliebten Jackson-Pollock-Shirt. Das Stipendium könnte die Rettung für seinen schon fast begrabenen Traum sein, Kunst zu studieren. Es gab keinen anderen Weg, um diesen Wunsch mit den Erwartungen seines Vaters unter einen Hut zu bringen, zwei so gut wie unvereinbare Pole, die an ihm zerrten.

Michaels Körper und Geist mussten damals vor siebzehn

Jahren in zwei verschiedenen Werkstätten entstanden sein. Sein geschmeidiger Körper war fürs Laufen wie geschaffen, aber sein Geist bekam mit Zeichenstiften in der Hand Flügel. Sein Vater jedoch sah nur eine der beiden Seiten und deswegen war Michael hergekommen, um den großen Coach Crosswell kennenzulernen. Das Leichtathletikstipendium war Teil des Plans, Olympionike zu werden und es zu schaffen. Was auch immer »es« bedeutete.

Er wusste ehrlich gesagt nicht, was schlimmer war – ein Stipendium, das ihn in eine Richtung schob, in die er nicht wollte, oder kein Stipendium und eine lebenslange Haftstrafe in der Baumarktbranche. Letzteres würde bedeuten, seine Leidenschaft zum Hobby herunterzuschrauben und seine Werke für Kleingeld auf eBay zu verscherbeln, alles zwischen der Arbeit, bei der er Regale mit Dingen auffüllen musste, die ihm ziemlich egal waren. Ein »echter« Job eben. Ein schleichender Seelentod, aber »echt«. Und mit seinem Vater als Chef.

Also war dies seine beste – und vielleicht einzige – Möglichkeit. Wenn er das Leichtathletikstipendium bekam, würde er Kunst als Hauptfach wählen und seine große Leidenschaft so doch noch mit der Vision seines Vaters von sportlichem Ruhm zusammenbringen. Für ein Kunststipendium war er nicht gut genug, auch wenn seine Kunstlehrer das anders sehen mochten.

Michael, du hast wirklich Talent. Glaub an dich!

Junge, diese Begabung ist ein Geschenk. Du könntest es damit weit bringen. – Nein, dafür bin ich nicht gut genug.

Der Gedanke war ein ungebetener Begleiter in seinem Hinterkopf und ihm natürlich auch hierher gefolgt. Michael verscheuchte ihn, aber seine betäubende Wirkung setzte bereits mit der gleichen Verlässlichkeit ein wie schon seit Jahren.

Es gab keinen Ausweg. Sein Vater würde ein Kunststudium niemals gutheißen.

Michael hatte wirklich nur diese eine Chance.

Der Weg zum Leben als Künstler führte an Coach Crosswell

vorbei. Er würde den Mann kennenlernen, dessen Namen sein Vater ständig erwähnte, und eine Spitzenzeit laufen, um ihn von sich zu überzeugen. Und dann würde er sich davonstehlen und dem Kunstinstitut einen Besuch abstatten. Sein Lehrer hatte ein paar Beispiele von Michaels Werken an eine Freundin gemailt – die zufälligerweise Dozentin an der Clarendon war – und Michael ermutigt, sich dort kurz sehen zu lassen. Der Fachbereich befand sich sowieso gleich hinter dem Sportgelände.

Nur diese eine Chance.

KAPITEL 3

Das Gepäckband kroch träge vor sich hin. Immer noch leer.

Von den Fahrern mit Chauffeursmützen standen nur noch drei am Ausgang. Einer *musste* für David sein; leider konnte er von seiner Warteposition aus die Schilder nicht lesen.

Der Aufkleber kam wieder durch den Gummivorhang und grüßte ihn auf seiner zweiten Schleichrunde.

Der Stress hatte seinen Klammergriff fest um Davids Brustkorb geschlossen. Das Herz pochte in seinem engen Käfig, ein mittlerweile allzu bekannter, hämmernder Rhythmus. David presste die Zähne zusammen, wie so oft in letzter Zeit. Mit einem Klingeln in den Ohren angelte er nach der nächsten Magentablette.

Der Gummivorhang teilte sich und ein schwarzer Koffer kam zum Vorschein.

Na endlich.

David rieb sich die Hände und beugte sich über den Koffer. Ein goldener Frequent-Flyer-Anhänger anstelle seines roten College-Gepäckschilds. Er fluchte leise.

Ein zweiter Koffer tauchte auf, dann ein dritter. Alle waren schwarz. Alle waren als Priority-Gepäck markiert. Und keiner gehörte David. Sein Kiefer mahlte.

Schwarz, schwarz, schwarz, grau, schwarz, schwarz, silbergrau. David konnte förmlich spüren, wie sein Blutdruck stieg, als Koffer um Koffer an ihm vorüberzog. Der Aufkleber setzte zu seiner dritten Ehrenrunde an. Er klebte am Band wie Davids Blick.

Schließlich schob ein vertraut aussehender Koffer mit leuchtend rotem Anhänger am Griff den Vorhang auseinander. David zog ihn schwungvoll vom Gepäckkarussell und sah sich um. Noch mehr Flugzeuge hatten ihre Passagiere in die Gepäckausgabe entlassen und der Weg zum Ausgang war verstopft.

Er pflügte durch die Menge. Nur noch ein Fahrer war übrig. *Das muss meiner sein.*

David sah noch einmal aufs Telefon. Immer noch nichts von Sharon. Wie schwer konnte es sein, ihm klipp und klar zu sagen, dass es vorbei war? Die Beweisfotos auf ihrem Handy hatten sich ihm ins Gedächtnis eingebrannt. Das Blut schoss ihm ins Gesicht ...

Rumms!

David war über einen leeren Gepäckwagen gestolpert. Sein Koffer schlitterte über den polierten Boden und er taumelte, ruderte wild mit den Armen und landete in einer Touristengruppe. Der Guide, den er dabei mit zu Boden riss, bedankte sich mit einer Salve fremdsprachiger Schimpfwörter. Davids Schienbein schmerzte fürchterlich und er fügte seinerseits einige gesalzene Ausdrücke hinzu, stand auf und klopfte seinen Anzug ab. Die Touristen waren zurückgetreten und hatten die Handys gehoben, um ihr erstes Erlebnis in der fremden Kultur auf Video festzuhalten.

Der junge Mann in der Gepäckservice-Uniform quittierte das Missgeschick nur mit einem einfachen Lächeln. »Tut mir sehr leid, Sir.« Er lupfte seine Kappe und die schwarzen Locken sprangen hervor. »Man sollte immer im Blick haben, wohin man geht. Darf ich Ihnen jetzt mit Ihrem Gepäck helfen?«

David rieb sich das schmerzende Schienbein. »Sie können mir helfen, indem Sie mir nicht ständig im Weg stehen«, knurrte er.

Der junge Mann wendete seinen Gepäckwagen. »Sehr gern, wenn es das ist, was Sie wünschen!«

David fluchte noch einmal leise über alles und nichts. Auf dem Weg zum Ausgang fuhr er die Ellbogen aus, um besser durch die

Menge zu kommen, und ignorierte jeden Protest. Jetzt konnte er den Namen auf dem Zettel des letzten Fahrers lesen: Prof. Ivor Wachokowsky. David plante seinen nächsten Schachzug – ein gewagtes Manöver. Er könnte zwanzig Minuten lang den Professor mimen. Das würde ausreichen, um so schnell wie möglich den Flughafen zu verlassen. Das »Missverständnis« würde er erst auflösen, wenn er der Stadt und seinem Meeting ein gutes Stück näher war. Er setzte sein freundlichstes Lächeln auf und hielt schnurstracks auf den Fahrer zu, der zurücklächelte und dann weiter nach seinem Fahrgast Ausschau hielt.

Das war wohl nichts.

David trat durch die Doppeltür des Terminals. Schwüle Luft schlug ihm entgegen. Am Taxistand hatte sich eine lange Warteschlange gebildet. Davids Magen brannte und seine Gedanken verschwammen. Er warf noch eine Tablette ein. Der Schweiß rann ihm unter dem Hemd am Rücken hinunter und sammelte sich über dem Gürtel. Wenn die Klimaanlage im Taxi nicht funktionierte, würde es noch schlimmer werden. Viel schlimmer. Er hatte die Fahrt in der Limousine nutzen wollen, um zur Ruhe zu kommen und sich zu sammeln. Nichts schrie während einer Präsentation mehr nach Verzweiflung als ein Mitarbeiter mit riesigen Schweißflecken.

Wieso war er nicht abgeholt worden?

Ein weiteres Dutzend schwarzer Koffer rollte gemächlich an Gillian vorbei. Ein hellblaues Exemplar stach frech heraus. *So eine auffällige Farbe zu nehmen, wäre clever gewesen.*

»Wie sieht deiner aus?«, rief Becky von ihrem hart erkämpften Platz direkt am Gepäckband aus.

»Schwarz.«

»Natürlich. Sind ja nur tausend schwarze Koffer, die hier rauskommen.« Beckys Pose mit in die Hüfte gestemmter Hand warf Gillian um Jahre zurück, zu all den Gardinenpredigten ihrer Schwester – über Puppen oder Jungs oder darüber, wie sie zu atmen hatte.

»Deswegen habe ich einen pinkfarbenen Koffer. Solltest du dir auch zulegen.«

Gillian holte tief Luft. Das Schuldgefühl, weil sie es immer weiter aufgeschoben hatte, ihre Schwester zu besuchen, war in den letzten zwei Jahren wie ein stetes Rinnsal in ihren Liebestank getropft, aber schon fünf Minuten mit ihr hatten ausgereicht, um den Stöpsel zu ziehen.

»Darf ich Ihnen mit Ihrem Gepäck helfen?«

Gillian zuckte zusammen, als die Stimme hinter ihr ertönte. Ein junger Mann mit marineblauem Gepäckservice-Basecap lächelte sie an.

Gillian musste einfach zurücklächeln. »Meine Schwester holt gerade den Koffer. Aber vielen Dank.«

»Wenn Sie Hilfe brauchen, geben Sie mir einfach Bescheid.« Der junge Mann hob seine Kappe und schwarze Locken sprangen darunter hervor. Er machte mit seinem Rollwagen eine Kehrtwende und verschmolz mit der Menge.

»Woher soll ich wissen, welcher deiner ist?«, rief Becky.

»Roter Anhänger!«

Die Gepäckhalle leerte sich allmählich wieder.

»Deswegen habe ich Frequent-Flyer-Anhänger. Das bringt echt viel. Als wir nach Maui geflogen sind, haben wir eine ganze Stunde gespart.«

Gillians Handy piepte. Eine Nachricht von Rick. So konnte sie wenigstens für ein paar Sekunden der Umlaufbahn ihrer Schwester entkommen.

Hey, meine Schöne. Hoffe, der Flug war o.k. Die Jungs waren alle drei rechtzeitig in der Schule, obwohl James seinen Turnbeutel nicht finden konnte. Inzwischen kaut dir Becky bestimmt ein Ohr ab. Sei froh, dass du zwei hast! Ich hol dich da raus, wenn wir kommen. R. xx.

»Hab ihn!« Becky zog schwungvoll einen Koffer vom Band und erwischte damit fast einen kleinen Jungen, der neben seinem winzigen Rucksack am Boden saß. Sie stürmte an Gillian vorbei durch die Menge und hatte schon ihr Handy ans Ohr geklemmt. »Los, komm! Meine Entwürfe müssen zur Floristin.«

Gillian schloss sich ihrer Schwester an und war wieder acht Jahre alt. Und wie damals brauchte es nicht lange, bis Becky Gillian weit hinter sich ließ. Gillian schob die Brille hoch und eilte ihr nach, im Zickzackkurs um Gepäckwagen und herumtobende Kinder herum. Eine Bewegung in ihrem Augenwinkel erregte ihre Aufmerksamkeit: Eine Video-Reklametafel schwärmte vom neusten Audi und sagte ihr dieselbe Reaktion von ihren Freunden voraus, wenn sie ihn vor ihrem Haus stehen sahen.

Träum weiter, Gillian.

»Beeil dich, Gilly!«, bellte Becky über die Schulter. Ihr ausgreifender Gang hinterließ eine Schneise in der Menge.

Gillians Handtasche rutschte von ihrer Schulter und baumelte von ihrem Arm. Becky war schon fast am Ausgang. *Wenn ich doch nur ihre langen Beine hätte!*

Endlich konnte Michael weiter ans Gepäckband vorrücken. Ein hellblauer Koffer schwamm in einem Meer aus schwarzem Gepäck vorbei. Eine weitere ungebetene Sorge überfiel ihn – eine, die wahrscheinlich niemandem fremd war, der schon einmal ein Flugzeug bestiegen hatte. *Hoffentlich ist mein Koffer nicht weg!* Er konnte seine sportlichen Leistungen nicht ohne seine Laufschuhe unter Beweis stellen und ohne seine Zeichnungen würde er im Kunstinstitut niemanden beeindrucken.

Die obligatorischen mahnenden Worte seines Vaters echoten in seinem Kopf: *Steck dein Sportzeug ins Handgepäck, sicher ist sicher.* Es war sinnlos, mit ihm zu diskutieren, und nach siebzehn Jahren hatte Michael die entsprechende Strategie perfektioniert:

Ein aufmerksames Gesicht machen und dabei mit den Gedanken ganz woanders sein.

Der hellblaue Koffer kam schon wieder an ihm vorbei. Noch immer kein Zeichen von Dads rotem Anhänger.

In einem kleinen Akt der Rebellion hatte Michael die Schuhe bewusst in den Koffer getan. Hoffentlich würde ihm das jetzt nicht zum Verhängnis werden. Er war ohnehin schon nervös genug, da konnte er das hier wirklich nicht gebrauchen. Wenn sein Koffer verloren gegangen war, konnte er das Stipendium knicken. Dann würde er wieder zu hören bekommen, was für ein Versager er doch war. Und noch schlimmer: Seine Mappe wäre weg. Es war dumm gewesen zu denken, im Koffer wäre sie besser aufgehoben!

Ein schwarzer Koffer mit einem roten Anhänger am Griff drehte und wand sich durch den Vorhang auf das Band.

Gott sei Dank.

Michael sah auf sein Handy. Wenn er sich jetzt beeilgte reichte die Zeit noch für die Taxifahrt und ein paar Minuten Verschnaufpause, bevor er bei Coach Crosswell vorsprechen musste. Er arbeitete sich mit vielen »Sorrys« durch die sich langsam lichtende Menge am Band entlang auf seinen Koffer zu.

Das Handy gab das Piepen und Zirpen von R2-D2 von sich. Eine Nachricht von Dad: *Habe auf Google Maps nachgesehen, du solltest freie Fahrt bis zur Uni haben. Verkehr sieht gut aus.*

Michael spielte mit dem Gedanken, nicht zu antworten, entschied sich dann aber, den Weg des geringsten Widerstands zu gehen. Seufzend tippte er ein Danke und wuchtete den Koffer vom Band.

Ein junger Mann in blauer Latzhose, das Gepäckservice-Logo auf der Kappe, trat ihm entgegen. »Morgen, Sir. Brauchen Sie Hilfe mit Ihrem Gepäck?«

Michael sah sich nach links und rechts um. *Sir? Wen meint der?* Okay, niemand außer ihm selbst in Sicht, dann sollte er die Gelegenheit wohl nutzen.

»Das wäre toll!«

Der junge Mann deutete auf den silbern glänzenden Gepäckwagen neben sich. »Er gehört Ihnen, Sir.« Mit Leichtigkeit hob er Michaels Koffer auf die Ladefläche und drehte den Wagen in Richtung der Türen nach draußen. Dann verbeugte er sich leicht. »Ich kümmere mich seit vielen Jahren um Gepäck.«

Seit vielen Jahren? Der Typ war dreißig. Maximal.

»Wo finde ich denn den Taxistand?«

Der junge Mann zeigte zur linken Seite vom Ausgang.

»Danke.« Michael schob den Wagen auf die Wand aus Menschen zu, die vor den Türen warteten, aber der hatte offensichtlich andere Pläne. Eins der vier Räder wollte unbedingt seinem eigenen Weg folgen und Michael musste sich kräftig dagegenstemmen, um die Richtung beizubehalten. Alle paar Sekunden entschuldigte er sich, weil er mit seinem unberechenbaren Wagen anderen Leuten in die Hacken und kleine Kinder fast über den Haufen fuhr.

Die Türen gingen auf und entließen Michael in die sommerliche Hitze. Er stellte sich in die Schlange verschwitzter, ungeduldiger Reisender, die nur sehr langsam vorankroch. R2-D2 pfiff wieder in seiner Tasche und er kramte umständlich das Handy heraus.

Dad.

Schon wieder.

Habe Videos von deinen fünf letzten Rennen hochgeladen und Coach Crosswell den Link geschickt. Vergiss nicht, sie zu erwähnen, Mikey.

Mikey – den Namen hatte er schon vor langer Zeit abgelegt, aber sein Vater bestand darauf, ihn weiter so zu nennen. Als wäre er noch in der Grundschule. Bewegung kam in die Schlange und Michael konnte zwei Schritte machen, um wieder zu seinem Vordermann aufzuschließen.

Kein »Viel Glück«. Keine guten Wünsche. Nur neue Befehle.

Wieder der Nachrichtenton. Michael wollte erst gar nicht nachsehen, aber früher oder später musste er das ja sowieso.

Denk dran: Die Zukunft gehört denen, die an ihre Träume glauben.

Wenn er für jedes Mal, wenn sein Dad diesen Spruch gebracht hatte, einen Dollar bekommen hätte, hätte er sich längst eine eigene Kunstgalerie leisten können.

Wie soll man an einen Traum glauben, den man gar nicht hat?

KAPITEL 4

David saß im Empfangsbereich der obersten Etage von *Sisyphus Financial* und bemühte sich, den angestauten Druck seiner zum Zerreißen gespannten Nerven in sein auf und ab wippendes Knie zu entladen. Er wackelte kurz mit den Schultern, damit das Hemd sich von seinem Rücken löste, und wischte sich die Stirn mit einem schon fast durchgeweichten Taschentuch ab.

Wieso war da kein Wagen gewesen?

Bei seinem letzten Besuch hatte der Chef des Unternehmens ihn, den aufstrebenden Star, mit offenen Armen in seinem Büro zu Brunch und Champagner empfangen. Dieses Mal hatte er die höfliche, aber bestimmte Anweisung von der Empfangsdame bekommen zu warten, bis er aufgerufen wurde, und sie gab sich alle Mühe, ihn nicht anzusehen. Sein Knie blieb unermüdlich in Bewegung. Er sehnte sich danach, die Anzugjacke auszuziehen, damit die Kühle der Klimaanlage ihn besser erreichen konnte, doch der Zustand seines Hemds würde keinen guten Eindruck machen.

Über David spuckte ein Fernseher die neusten Wirtschaftsnachrichten in den Raum: »… und in diesem konkurrenzbetonten Markt sind die Arbeitslosenzahlen erneut um zwei Prozent gestiegen, was zu gewaltigen Verlusten und wahren Schlachten um die Stellenangebote führen könnte.« Der Reporter lieferte diese ernste Nachricht ab, als würde er live aus dem Kriegsgebiet berichten. »Zugleich werden die Unternehmensgewinne dadurch um mindestens fünfzehn Prozent steigen, was die Aktionäre freuen wird, zumal es bessere Dividenden bedeutet.«

Er durfte seinen Job nicht verlieren. Seit Monaten hatte er

Achtzehnstundentage absolviert, damit er ihn behielt und seine Familie glücklich machen konnte. Gut, er war wenig zu Hause. Sharon und Caitlin mochten sich zwar darüber beschweren, aber gleichzeitig kamen sie am laufenden Band mit weiteren Wünschen zu ihm – neue Möbel, neue Klamotten, neues Spielzeug … Irgendwo musste das Geld dafür ja herkommen.

Das Kniewippen reichte nicht aus, um Davids Unruhe zu kanalisieren. Er fing an, auf dem Sofa hin und her zu rutschen. Es knarzte leise unter seinem Gewicht und er hinterließ verräterische Schweißspuren auf dem Leder. Noch einmal ging David in Gedanken die Einleitung zu seinem Pitch durch. Er gab sich alle Mühe, die Anspannung wegzuatmen.

Schließlich trat Julian Sporne, Regionalmanager und Davids Vorgesetzter, mit ausgestreckter Hand in den Wartebereich. In seinem Armani-Anzug sah er aus wie aus dem Ei gepellt und stellte David in seinem zerknitterten Anzug von der Stange in den Schatten. »Morgen, David. Guten Flug gehabt?«

David? Was war aus Dave geworden? Sein Magen zog sich zusammen. »Ganz okay. Bin ja nicht das erste Mal hier. Etwas holpriger Landeanflug. Neuer Anzug?«

Julians Blick ließ keinerlei Vertrautheit durchscheinen und er führte den üblichen Small Talk auch nicht fort – nur steife Distanz von einem Kerl, der ihn bei jedem seiner bisherigen Besuche wie einen Freund behandelt hatte. David suchte in Julians Gesicht nach dem Grund.

Der wischte sich jetzt die Hand, die David geschüttelt hatte, an der Hose ab. »Du schwitzt ja. Nervös?« Seine Miene war wie versteinert.

Eine weitere Pause entstand, unausgesprochene Fragen und die ausbleibenden Antworten darauf hingen zwischen ihnen.

David sah zur Empfangsdame, die sich sofort abwandte. »Vielleicht bin ich ja paranoid, aber beim letzten Mal bin ich vom Flughafen abgeholt worden. Heute nicht.«

Julian warf der Empfangsdame nun seinerseits einen kurzen

Blick zu, die daraufhin noch intensiver auf ihren Bildschirm starrte.

Gar nicht gut.

Julians Augen scannten die Aktienkurse auf dem Fernseher. David machte einen Schritt zur Seite, um ihm die Sicht darauf zu versperren. »Sollte ich das als ein Zeichen verstehen?«

»Gehen wir in mein Büro, damit du dich auf deine Präsentation vorbereiten kannst.« Er hielt David die Glastür auf und bedeutete ihm vorauszugehen.

Davids Gedanken rasten, als er seinen schwarzen Koffer zu Julians Büro trug und die Tür aufstieß.

»Ja, bitte?« Eine junge Frau im seriösen Businesskostüm sah von Julians Schreibtisch auf. »Kann ich helfen?«

Julians Hand legte sich fest auf Davids Schulter. »Ich bin umgezogen – mein Büro ist jetzt in der Ecksuite. Hier entlang.«

David murmelte eine Entschuldigung, schloss die Tür wieder und folgte Julian, während er die Information einzuordnen versuchte. Die Ecksuite? Dann musste sein Chef befördert worden sein! Das war ein gutes Zeichen, oder? Dann musste es der ganzen Abteilung gut gehen. Erleichterung erfasste ihn wie eine angenehm kühle Brise.

Er trat in Julians Büro und pfiff anerkennend angesichts des 90-Grad-Ausblicks auf die Stadt aus übergroßen Fenstern. Zwei ausladende Sessel standen unter einer Sammlung gerahmter Fanartikel von Julians Lieblingsmannschaft – Bilder, Plaketten, Trikots. Der aromatische Duft, der von dem brummenden Kaffeeautomaten zu Davids Rechten ausging, erfüllte den Raum.

Die junge Frau im Businesskostüm steckte den Kopf zur Tür herein. »In zwanzig Minuten sind sie bereit für die erste Präsentation, Mr Sporne.« Julian nickte und setzte sich hinter seinen Schreibtisch.

David ließ sich in einen der Sessel sinken und nahm die neue Umgebung genauer in Augenschein. Endlich entspannten sich seine Muskeln und ihm war auch nicht mehr so schrecklich heiß.

Er lehnte sich zurück und verschränkte die Hände hinterm Kopf. »Mensch. Und ich dachte schon, ich muss heute dafür kämpfen, dass meine Stelle nicht wegfällt. Aber die Lage sieht ja alles andere als besorgniserregend aus.« Er unterstrich seine Worte mit einer Geste, die das neue Büro umfasste.

Julian legte die Hände vor der Nase zusammen und zögerte einen Augenblick, bevor er antwortete. »Ja, was das betrifft ...«

David hatte das Gefühl, er sollte ihn lieber nicht ausreden lassen. »Klar, dieses Jahr war nicht gerade unser bestes, aber wenn der Vorstand erst gesehen hat, welche Ideen ich für nächstes Jahr habe ...«

»Der Vorstand ist nicht interessiert an neuen Ideen.« Julian starrte David über seine Fingerspitzen hinweg an. »Es geht ihnen darum, ob du weiterhin die aktuellen Ideen umsetzen wirst.«

Ob?

David griff auf eine Strategie zurück, die bislang noch jedes Mal funktioniert hatte: »Ach komm, Jules. Du und ich haben schon so viel erlebt. Wir kennen uns seit über zehn Jahren und du hast mich immer unterstützt.«

Wenn Schmeichelei eine Kunst war, war David ein Picasso. Aber heute hatte Julian offenbar keinen Sinn für Kunst. Er nickte, aber sein Blick blieb kalt und hart.

»Und wir sind schon manches Mal gemeinsam um die Häuser gezogen.« David musste schmunzeln. »Weißt du noch, als wir vor ungefähr einem halben Jahr in dieser Bar waren, in der ...«

Julian stützte sich auf die Ellbogen. »Die Entscheidungen, die heute fallen werden, haben nichts mit der Dauer irgendwelcher Freundschaften zu tun. Unser Unternehmen muss rationalisieren, um zusätzliche Profite zu erzielen. Deine Aufgabe wird sein, uns mit Zahlen zu beweisen, wieso wir deine Außenstelle behalten sollen.«

Ein Wort stieß David auf: *Wir.* Er überlegte, wie er zu Julian durchdringen konnte, doch sein Chef kam ihm zuvor: »David, ich muss zehn Außenstellen kürzen.«

David packte die Armlehnen und machte einen Satz nach vorn. »Wie bitte?«

»Ich muss ein Kostensenkungsziel von fünfzehn Prozent erfüllen und deswegen muss ich den Sparstift ansetzen ...«

»Den Sparstift?« David fühlte, wie seine Wangen heiß wurden. Er wurde lauter: »Reichen zehn Außenstellen, um die Kosten für dieses Büro zu decken? Die Sport-Sammlung? Den Kaffeeautomaten? Wie viele Außenstellen stecken da drin?«

Julian ließ sich nicht auf den Vorwurf ein. »Es gibt keinen Grund, so zu reagieren. Du hast fünfundvierzig Minuten Zeit, uns davon zu überzeugen, dass deine Stelle nicht zu den zehn gehört. Wenn deine Präsentation gut ist, kommst du ungeschoren davon. Du hast genau dieselbe Chance wie die anderen Filialmanager, die heute ihre Präsentationen halten.«

Uns.

Die Distanz, die Julian zwischen ihnen aufgebaut hatte, wuchs sich zu einem großen Schweigen aus.

David rechnete sich seine Möglichkeiten aus. »Wie viele Präsentationen gibt es heute?«, fragte er schließlich in die Stille.

»Zwölf. Du bist der Erste.«

Die Stresssymptome waren längst zurück und besonders sein Magen reagierte empfindlich. Zwei von zwölf – das war so gut wie aussichtslos. Aber diese Haltung konnte er sich nicht erlauben; wenn es etwas gab, das ihm auf keinen Fall weiterhelfen würde, war es Untergangsstimmung. »Okay, dann eben zwei von zwölf. Das schaffe ich. Kein anderer wird den Vorstand so vom Hocker hauen wie ich! Danke übrigens, dass ich den Anfang machen darf. Ich werde die Messlatte so hoch hängen, dass niemand mehr rankommt.« Er zog seinen Koffer zu sich heran. »Ich zeig dir mal, was ich vorbereitet habe.«

Als er den Reißverschluss aufzog, kam ihm der rote Anhänger auf einmal seltsam fremd vor. Er klappte den Deckel auf, aber es kamen weder seine Ausdrucke noch die bequemen Klamotten für die abendliche Kneipenrunde mit Julian zum Vorschein.

Stattdessen sah er ein Kleid und einen Handspiegel, der sein Gesicht merkwürdig verzerrte, zusammen mit einer Handvoll fröhlicher Familienfotos.

David fluchte. Das hier war definitiv nicht sein Koffer.

KAPITEL 5

Michael umrundete die heilige Laufbahn der Clarendon University. Seine Waden protestierten, weil sie eine so langsame Geschwindigkeit nicht gewohnt waren. Normalerweise lehnte er sich intensiv in die Kurve hinein und trödelte nicht hinter einem Mann mittleren Alters mit obligatorischem Basecap, extragroßen Shorts und einer über dem Ansatz einer Wampe hängenden Trillerpfeife her. Einem Lauftrainer, der den Schlüssel zu seinem Traum vom Künstlersein in den Händen hielt.

Coach Crosswell drehte sich um. »Dein Vater sagt, du lebst für den Laufsport.« Er hatte eine Reibeisenstimme, rau vom jahrelangen Anweisungenbrüllen.

Michael schob die Hände tief in die Taschen seiner Trainingshose. »Ganz ehrlich, Coach, ich bin dafür geboren.« Das klang gut, auch wenn es nur teilweise stimmte.

Der Trainer nickte. »Das ist es, was wir von unseren Bewerbern hören wollen, Michael. Apropos, dein Vater meinte, du würdest lieber Mikey genannt werden?«

Michael ballte die Hände zu Fäusten. »Lieber doch Michael, Coach.«

»Kein Problem. Du bist ein ganzes Stück größer, als ich ihn aus unserer Zeit auf der Serviceton High School in Erinnerung habe. Und ich hoffe, du bist deutlich schneller als er.«

Michael hätte fast laut aufgelacht. Sein Vater hatte sich noch nie an Leichtathletik versucht.

Der Trainer legte einen Schritt zu, den Blick auf den Boden geheftet setzte er seine raspelnde Verkaufspräsentation fort:

»Wir haben hier an der Clarendon eine große Geschichte, was den Sport angeht – Olympioniken, nationale Meistertitel –, unsere Leichtathletik hat einen exzellenten Ruf. Unser Sportzentrum hat vierzig Millionen Dollar gekostet und ist unser ganzer Stolz ...«

Michaels Blick wanderte über die leeren Zuschauerränge aus Stahl und Beton hin zum südlichen Ende des Campus, wo seine Zukunft lag – das Kunstinstitut.

»Michael!«

Der heisere, halblaute Ausruf zerrte Michael zurück in die Gegenwart.

Coach Crosswell beäugte ihn kritisch. »Du hast eine weite Reise auf dich genommen, um unsere Einrichtungen zu besichtigen, und ich tue deinem Vater einen großen Gefallen, aber du scheinst mit den Gedanken ganz woanders zu sein, junger Mann. Normalerweise kriegt hier niemand von mir eine persönliche Sonderbehandlung.«

Michael spürte, wie er knallrot anlief. Er durfte das hier nicht vermasseln. Verzweifelt suchte er nach den richtigen Worten. »Es ist nur so beeindruckend – die Geschichte und dass so viele große Sportler hier bei Ihnen trainiert haben.«

Crosswell lächelte. »Wenn du das Glück hast, zu den Auserwählten zu gehören, die hier studieren dürfen, könntest du einer von ihnen werden. Wir machen aus dir die beste Version, die in dir steckt.« Er verschränkte die Hände hinterm Rücken und stolzierte die Zielgerade hinunter. Michael folgte ihm und wollte sich am liebsten selbst treten.

»Stell dir vor, wenn du hier entlangsprintest und den nächsten Sieg über vierhundert Meter einfährst, die Tribüne voller Leute, die deinen Namen rufen. Der Traum eines jeden Sportlers.«

Michael sah erneut zu den leeren Rängen und dem, was dahinter lag. Er nickte, während er seine Gedanken an der kurzen Leine halten musste, weil sie ständig zu seinem Gespräch mit dem Kunstdozenten vorspulen wollten.

Die Augen des Trainers wurden schmal und seine Schritte kürzer, bis er auf der Zielmarkierung stehen blieb. »Unsere nächste Station ist das Sportzentrum, das ich eben schon erwähnt habe – ein ausgezeichneter Trainingsort für die Athleten.« Er blieb stehen und deutete nach unten. »Aber hier, hier sind wir zu Hause.«

Michael betrachtete die Ziellinie, eine Linie, wie er sie schon unzählige Male überschritten hatte.

Coach Crosswell wies auf die erste Reihe in den Rängen. »Vorne ist immer reserviert für die Familien. Dort könnte dein Vater sitzen, um deine Siege mitzufeiern.«

Michael nickte. Wenigstens gab es überhaupt noch Momente, in denen er und sein Vater eine Verbindung hatten.

Der Trainer schob die Hände in die Taschen seiner Shorts. »Du würdest lernen, diese Linie zu lieben, denn sie würde Tag für Tag dein Ziel sein, bis zum Ende deines Studiums.«

Michael fuhr mit der Schuhspitze über den weißen Streifen. Das war der Preis, den er bezahlen musste.

Coach Crosswell atmete schwer und musterte ihn kritisch. »Junge, dein Vater liegt mir seit Monaten mit Mails in den Ohren, dass du ein Supertalent bist, und er hat mehr als einmal darum gebettelt, dass du mich besuchen darfst. Ich habe deine bisherigen Zeiten gesehen und du hast Potenzial, aber auf mich machst du nicht gerade den Eindruck, als würdest du für den Sport brennen.«

Warum nur war er so ein miserabler Schauspieler? Michael versuchte, seinen kaum vorhandenen Enthusiasmus aufzuplustern. »Ich würde Sie nicht enttäuschen, Coach.«

Mit zur Seite geneigtem Kopf legte Coach Crosswell Michael väterlich die Hand auf die Schulter. »Bist du sicher, dass du hierher willst? Es werden sich Hunderte um das Stipendium bewerben.«

Unter der aufmunternden Berührung wollte ein Teil von Michael die Wand um sein unterdrücktes Künstlerherz einreißen und den leeren Rängen entgegenrufen, dass ihn hier nichts hielt. Alles, was er brauchte, waren seine Stifte.

Aber Ehrlichkeit führte zum Baumarkt.

Michael setzte sein erprobtes Lächeln auf, das, mit dem er schon so oft die Fragen seines Vaters abgewehrt hatte, wenn er wieder einmal das Training hatte sausen lassen und stattdessen in den Kunstraum seiner Highschool gegangen war – sein wahres Zuhause.

Ein weiteres Mal bohrte er die Spitze seines Schuhs in die Ziellinie. »Ich wäre wirklich wahnsinnig froh über das Stipendium und es tut mir leid, wenn das nicht so rüberkommt. Ich bin einfach überwältigt. Ich möchte wirklich unbedingt an die Clarendon University.«

Der Trainer lächelte wissend.

»Und ich muss mich für meinen Vater entschuldigen. Er ist einfach so aufgeregt wegen dieser Chance.«

Der Trainer schmunzelte und hielt auf das Fitnesscenter zu. »Ich kenne viele unterschiedliche Typen von Eltern, Michael – die Stillen, die Stolzen und die Streberhaften, Dominanten, zu denen dein Vater gehört. Darf ich dir einen Rat geben?«

Es war eine nette Abwechslung, dass jemand ihn vorher fragte, ob er überhaupt einen hören wollte. »Klar.«

»Die meisten dieser streberhaften Eltern drücken ihren Kindern einen Traum auf, der eigentlich ihr eigener war.«

In Michael scharrte etwas, das verzweifelt nach draußen wollte, aber er drängte es zurück. Er schluckte die wachsende Angst herunter und folgte Coach Crosswell vom Platz. Das Beste wäre, mit dem Reden aufzuhören, sich an die Startlinie zu stellen und dem Trainer zu zeigen, warum er das Stipendium verdient hatte.

Coach Crosswell hielt ihm die Tür des Sportzentrums auf. »Dein Vater hat mir lauter Videos von dir auf der Bahn geschickt, aber ich möchte dich gern selbst laufen sehen. Wir werden jetzt deine Schuhe holen.«

Michael hatte seinen Koffer im Büro des Coachs abgestellt.

Sie liefen mit quietschenden Sohlen über ein Basketballfeld. »Wie ist das denn mit dem Studium?«, fragte Michael vorsichtig. »Wie viel Zeit hätte ich, um das Training zu schaffen?«

Sie betraten den Raum des Coachs. Die Wände waren vom Boden bis zur Decke mit Papier bedeckt – Entwicklungskurven, Ergebnistabellen und Terminkalender, die das Leben der Studierenden bestimmten. »Michael, ich will, dass meine Sportler einhundertzehn Prozent geben. Die eigentliche Frage ist also: Wie viel Zeit hast du, um dein Studium zu schaffen?« Er verschränkte die Arme. »So, und jetzt zeig mir, was du draufhast.«

Sein schwarzer Koffer stand neben einem Turm säuberlich gestapelter Pylonen. Michael legte ihn hin und hockte sich daneben. Da merkte er, dass der Rotton des Schildchens nicht zu den geliebten Gepäckanhängern seines Vaters passte. Stattdessen verwies er auf irgendeinen Universitätssportverein. Die *Rams* oder so ähnlich. Und auf dem Barcode-Anhänger stand nicht sein Name.

Ach du Sch…!

Der Trainer lachte. »Also, wenn du es zu uns schaffst, dann muss das Rot aber dem Marineblau der Clarendon U weichen!«

Michael ließ die Hand sinken und starrte den Koffer an.

»Gibt es ein Problem?«

»Ich habe den falschen Koffer«, hörte Michael sich sagen.

Coach Crosswell runzelte die Stirn. »Hast du nicht ordentlich hingeguckt, als du ihn mitgenommen hast?«

Michael seufzte tief und vergrub das Gesicht in den Händen. *Das war's.*

»Ohne meine Spikes kann ich nicht laufen.«

Zum zweiten Mal an diesem Tag legte der Trainer ihm die Hand auf die Schulter. »Ich sehe nach, ob ich hier ein Paar auftreiben kann. Dann läufst du in denen.«

Aber Michaels Verlust war größer als das. Seine Mappe war fort. »Ich kann das nicht ohne meine Sachen.« *Jetzt nicht auch noch weinen!*

»Okay. Ruf bei der Fluggesellschaft an. Ich schaue trotzdem schon mal, ob wir Schuhe haben, die dir passen könnten.«

Michael atmete zittrig ein und griff nach seinem Handy. Der Trainer verließ das Büro und er suchte sich die Telefonnummer der Fluggesellschaft heraus. Sein Anruf wurde zum Gepäckservice durchgestellt. Die nervige Warteschleifenmusik wurde von einem Werbeslogan begleitet, in dem behauptet wurde, die Kunden wären der Airline wichtiger als ihr Aktienkurs. Ein Klick und ein Surren erklangen, dann meldete sich eine muntere männliche Stimme: »Gepäckservice, was kann ich für Sie tun?«

»Äh, ich habe irgendwie den falschen Koffer mitgenommen ...« Michael nannte seinen Namen und erklärte die Anhänger-Verwechslung.

»Das tut mir leid zu hören. Ihr Gepäck steht in einer Stunde im Depot in der Stadt bereit. Bitte bringen Sie das irrtümlich mitgenommene Gepäckstück dorthin mit.« Der junge Mann gab Michael die Adresse.

Coach Crosswell tauchte in der Tür auf. Seine Trillerpfeife stieß gegen den Türrahmen. »Wir haben leider keine Spikes da, du musst wohl wirklich erst den Koffer umtauschen.«

Michael stand schnell auf. »Ich muss zu dieser Adresse hier, das muss irgendwo in den Docklands sein?«

»Von hier aus bist du in zehn Minuten da, wusste gar nicht, dass da noch was ist. Ich fürchte, du musst ein Taxi nehmen. Wenn ich dich selbst fahren könnte, würde ich es machen.«

Michael nickte und kämpfte weiter gegen die aufsteigende Panik an. Er musste seine Mappe wiederbekommen. »Wie viel kostet die Fahrt bis dorthin?«

»Vielleicht zehn, zwölf Dollar?«

Das passte noch. Ein paar Extraschichten bei seinem Job im Restaurant würden den Pullover abdecken, den er bestimmt auch online bestellen konnte. Die Standpauke würde er schon aushalten.

»Aber komm so schnell du kannst wieder her! Ich habe nach unserem Termin ein Treffen nach dem anderen.«

Er musste um jeden Preis schnell zurück sein.

KAPITEL 6

Gillian saß schweigend im Auto. Draußen zog ein typisches Reichenviertel vorbei. Kataloghäuser, gepflegte Gärten, Blumenbeete und perfekt getrimmter Rasen. Ein Bild ihres eigenen Gartens, voller Unkraut und Wildwuchs, schob sich vor ihr inneres Auge.

Natürlich hatte Becky zum neuen Haus auch einen neuen Wagen haben müssen.

»Ach, es hat sich einfach angeboten, den alten Schrotthaufen auszutauschen«, erwiderte sie auf Gillians Nachfrage. »Er war zeitweilig das älteste Auto auf dem Parkplatz des Tennisklubs.«

Ein »Schrotthaufen«, zehn Jahre jünger als Gillians.

Die teuren Ledersitze des von Becky für würdig befundenen Audis knarzten. Kühle Luft aus der neusten Klimaautomatik strich ihr über den Nacken. Gillian starrte aus dem Fenster und sah in der flimmernden Hitze ein besseres Leben vorüberziehen.

Beckys Finger trommelten aufs Lenkrad. Sie trug zum Fahren Handschuhe, die zu den Sitzen passten. »Du bist so still. Alles in Ordnung?«

»Ich bin nur ein bisschen müde.«

»Dann solltest du mein neues Entspannungsprogramm ausprobieren! Yoga und Tai-Chi, mit einer Prise Kickboxen. Ich habe seit Jahren nicht so viel Energie gehabt. Und glaub mir, ich konnte sie wirklich gebrauchen, schließlich sind wir gerade umgezogen und ich musste das ganze Haus einrichten und den Garten gestalten, und das will ja auch alles gepflegt und instand gehalten werden ...«

»Wenn euer Haus auch nur annähernd aussieht wie die hier, dann ist es sicher wundervoll«, sagte Gillian.

Becky ließ das Kompliment abblitzen. »Ach, es ist nichts Besonderes, aber man tut, was man kann, mit seinem Geld, nicht wahr?«

Das war das Wahrste, was sie seit ihrem Wiedersehen am Flughafen von sich gegeben hatte.

»Wie geht es eigentlich Rick? Und den Jungs? Sie kommen doch wie geplant nach, oder?«

Gillian war froh, zur Abwechslung auch mal etwas über ihr Leben sagen zu können. »Ja, sie kommen. Rick wird erst am Freitag mit den Jungs im Auto herfahren. Mehr Urlaub konnte er sich nicht nehmen, jetzt, wo es in seiner Firma so hoch hergeht.« Sie machte eine Pause, um ihrer Schwester die Möglichkeit zu geben nachzufragen. Dann würde sie ein wenig Dampf ablassen können und davon erzählen, wie sehr Ricks stressiger Job ihrer Familie im Moment zusetzte.

»Sehr gut! Ohne sie wäre das Familienfoto fürs Hochzeitsalbum ja auch nicht komplett. Jedenfalls haben wir Mädels endlich mal wieder Zeit, um uns in Ruhe zu unterhalten und auf den neusten Stand zu bringen, jetzt, wo du allein hier bist.«

»Genau.« *Ich dachte, das tun wir gerade?* »Du bist ja richtig am Rotieren mit all den Vorbereitungen. Wie geht es denn Brent?«

Becky schürzte die Lippen und blieb ihr die Antwort schuldig. »Wir sind da.«

Die Reifen quietschten auf den Steinplatten, als sie in die Hufeiseneinfahrt vor einem frisch gestrichenen dreistöckigen Haus einbogen. Gillian hätte sich nicht darüber gewundert, es auf dem Titelblatt eines Wohn- und Einrichtungsmagazins zu sehen. Makellose weiße Fensterläden mit hübschen Verzierungen hoben sich von der dunkelgrauen Fassade ab. In Creme und Weiß gehaltene Giebel bildeten den Abschluss eines Schieferdachs, das gerade den richtigen Verwitterungszustand aufwies, um nicht künstlich zu erscheinen. Schieferplattenstufen führten zu zwei weißen Säulen auf Sockeln mit Kieselsteinbesatz, die eine Eingangstür aus Eichenholz einrahmten.

»Das ist also für die nächsten Tage dein Zuhause.« Becky stürmte mit Gillians Koffer die Treppe hinauf und ins Haus.

Gillian blieb neben dem Auto stehen und ließ das majestätische Haus mit offenem Mund auf sich wirken. Der Anblick nagte an ihr. Rick machte sich oft darüber lustig, dass Gillian sich mit jedem verglich, der an ihr vorbeiging, aber das hier war noch mal eine ganz andere Nummer. Sie fühlte sich abgrundtief schäbig – dabei war sie noch nicht einmal ins Haus hineingegangen. Und es gehörte ihrer Schwester.

Gillian holte tief Luft, gab sich einen Ruck und setzte sich in Bewegung. Zögernd betrat sie die Kulisse von Beckys perfektem Leben.

Schon der gigantische Eingangsbereich raubte ihr den Atem. Eine gewundene Flügeltreppe führte in die zweite Etage. Zur Linken erhaschte Gillian einen Blick ins Wohnzimmer, ein Musterbeispiel für klare Linien und Kontraste. Beistelltische aus Glas und Metall gesellten sich zu üppigen Ledermöbeln. Rechts von der Treppe ging es ins Esszimmer, das von einer übergroßen Lampe an der hohen Decke dominiert wurde. Darunter stand ein herrschaftlicher, von zwölf Lederstühlen umgebener Tisch aus dunklem Eichenholz.

Gillian fühlte sich geradezu geblendet. »Wow.«

Becky steuerte auf die Treppe zu, das Handy in der Hand. »Tut mir leid wegen der Unordnung, aber du weißt, im Moment steht die Hochzeit an erster Stelle und sorgt für ganz schön viel Hektik!«

Unordnung? Gillian trat in den Durchgang zum Wohnzimmer. Kissen, die wahrscheinlich sorgsam arrangiert worden waren, um wie zufällig hingeworfen auszusehen, bildeten Akzente auf den Sofas. Alles war so anders als bei Gillian zu Hause. Dort wurden Dinge nicht platziert; sie blieben liegen, wo sie landeten.

Gillian hatte erst die Hälfte der Etage gesehen. Hinter der nächsten Tür befand sich ein riesiges Heimkino: Ein schwarzer, von Ambient Light umgebener Bildschirm nahm die gesamte

Stirnwand ein. Bequeme Fernsehsessel standen um ihn herum wie um einen Altar und eine Popcornmaschine bot auf einem Gestell ihre Dienste an.

Eine Popcornmaschine? Wirklich?

Becky eilte mit einem Papierstapel die Stufen hinunter und an Gillian vorbei. Dabei schleuderte sie Worte von sich wie ein Ninja seine Wurfsterne: »Wie du sehen kannst, mussten wir die ganzen Möbel neu kaufen. Die alten hätten niemals hierher gepasst! Ich hätte es ja schön gefunden, die Hochzeit im Garten abzuhalten, aber er ist einfach noch nicht fertig. Wenigstens machen wir alle Treffen und Veranstaltungen im Vorfeld dort. Wenn du was trinken willst – einfach durchs Esszimmer in die Küche durchgehen.«

Gillian tat wie geheißen. Die Küche war eine blitzsaubere Hommage an Spiegelungen und Glanz. Sogar das Katzenklo war piekfein und geharkt wie ein japanischer Garten. Gillian stellte ihre Tasche auf die Marmorkochinsel und trat vor eine gigantische Sammlung von Fotos an der Wand. Die Chronologie eines glücklichen Lebens, in goldenen Bilderrahmen. Die stolze Becky mit ihrem neugeborenen Baby. Becky und Jessica mit strahlenden Gesichtern vor einer Schneelandschaft. Becky und Jessica als Ballerinas verkleidet. Becky mit Jessica in Abschlussrobe. Brent und Jessica, wie sie einen glänzenden Softballpokal hochhielten. Auf keinem der Bilder fehlte das werbungsreife Lächeln.

Gillian hatte ihre eigenen Familienfotos kreuz und quer an ihre Kühlschranktür geklebt, dem ständigen Sammelpunkt ihrer vier Männer. Es waren festgehaltene Familienaugenblicke; auf den meisten hatte entweder jemand die Augen zu, zog gerade eine Flunsch oder zeigte einem der anderen heimlich Hasenohren.

»Ich habe deinen Koffer in eins der Gästezimmer oben gestellt!«, hörte Gillian Becky rufen. »Ich bin gleich wieder da, also mach dich ruhig schon mal fertig, in zwanzig Minuten haben wir den Tisch im *Marcellinas*.« Sie schlug die Tür hinter sich zu und das Echo hallte bis in die Küche.

Gillian war allein in diesem Palast, in dem gerade mal drei

Menschen lebten. Ihre Gedanken spielten verrückt; sie musste irgendwie eine Verbindung zu etwas Normalem bekommen. Schnell schrieb sie Rick. *Bin bei Becky angekommen. Das Haus ist unglaublich. Wir gehen gleich essen. Hoffe, dein Arbeitstag läuft gut.*

Sie machte sich auf die Suche nach ihrem Gästezimmer. Auch im ersten Stock war jeder Raum, in den sie ihre Nase steckte, ein Schaufenster vollkommener Perfektion. Das Billardzimmer mit der halbmondförmigen Minibar aus Walnussholz. Das Arbeitszimmer ihres Schwagers Brent mit seinen Pokalen auf der einen Seite und den Gitarren auf der anderen.

Fünf Minuten später fand sie endlich in einem Raum, der größer als Ricks und ihr gemeinsames Schlafzimmer war, ihren Koffer auf einem Doppelbett. Durch das Fenster konnte sie einige Arbeiter sehen, die auf der Wiese hinterm Haus ein weißes Festzelt aufbauten.

Ihr Handy piepte.

Schön, dass alles gut gelaufen ist. Bin schon gespannt auf das Haus. Das wird nicht einfach für dich, aber wir haben dich lieb. Melde mich heute Abend, wenn die Jungs wieder da sind und der Anlasser am Wagen repariert ist.

Dieses Auto. Eine Mechanikeraltersvorsorge auf Rädern.

Eine Art Urtrieb erfasste Gillian – sich aufzuwerten, sich dem Standard dieses Hauses entsprechend herauszuputzen. Das Flüstern setzte wieder ein. Gillian war an das nagende Stimmchen gewöhnt, das ihr ihre Unzulänglichkeit vorhielt, aber hier wuchs es fast zu einem Brüllen heran.

Sie zog den Reißverschluss des Koffers auf. Etwas Goldenes blitzte ihr entgegen. Anstelle von ihrem blauen Kleid, auf dem Rick für die Hochzeit bestanden hatte, und den anderen vertrauten Kleidungsstücken und Dingen war der Koffer voller Männersachen und irgendwelchen Schulzeugnissen. Obenauf lag ein Sportpokal. Sie überprüfte den Anhänger am Koffer, obwohl die Lage bereits glasklar war. Der Anhänger war rot, stammte aber nicht von ihrem Reisebüro.

Hätte ich doch bloß selbst den Koffer vom Band geholt!

»Gilly, wir müssen!«, kam es von unten.

Gillian steckte in der Zwickmühle.

Ich muss noch mal zum Flughafen.

Sie sah an sich herunter. Ihre Bluse war verknittert, die Stoffhose hatte ebenfalls Falten. Seufzend klappte Gillian den fremden Koffer zu. Das konnte nicht warten.

Schnell lief sie durch den Flur und die Treppe hinunter. »Becky, ich habe den falschen Koffer!«

»Mmm?«, kam es von irgendwoher im Erdgeschoss. Becky war offensichtlich immer noch im Herumeil-Modus.

Gillian versuchte es noch einmal: »Du hast offensichtlich nicht auf den Anhänger geschaut und den falschen Koffer erwischt!«

»Hast du was gesagt?« Ihre Schritte näherten sich aus dem Esszimmer.

»Du hast den falschen Koffer mitgenommen! Ich muss noch mal zum Flughafen.«

Becky kam in den Flur und seufzte theatralisch. »Können wir das nicht später regeln?«

Gillian sah erneut an sich hinab. Ihre Klamotten waren bequem, aber darin würde ihr ohnehin wackliges Selbstbewusstsein den abschätzigen Seitenblicken im *Marcellinas* niemals standhalten. »Ich kann so nicht fahren.«

Becky musterte sie und schnaubte. »Du hast recht. Ruf die Fluggesellschaft an.«

KAPITEL 7

David legte die Stirn an Julians Bürofenster. Die Stadt unter ihm brummte, völlig unberührt davon, dass sich seine Lebensgrundlage gerade in Luft auflöste.

Wieso muss ich ständig für die Fehler anderer bezahlen?

»Sparen Sie sich die Erklärungen! Es ist mir egal, wie es dazu gekommen ist!«, brüllte er ins Telefon. »Ich habe keine Zeit, um zum Flughafen zu fahren. Ja, sprechen Sie mit Ihrem Vorgesetzten. Sie kriegen das besser wieder hin. Und zwar *schnell!*« David atmete schwer, als die Fluggesellschaft ihn wieder in die Warteschleife schickte. Er verlor hier seinen Job, weil der Gepäckservice die einzige Aufgabe, für die er existierte, nicht hinbekam.

Er verlor seinen Job, seinen Sinn im Leben, und auch noch die einzige Person, die ihm – abgesehen von Caitlin – wirklich wichtig war. Er und seine Frau drifteten immer weiter auseinander. Sharon hatte etwas mit einem anderen angefangen, während er Überstunden machen musste, um seine Familie zu ernähren.

Davids heißer Atem ließ das Fenster beschlagen und verdeckte teilweise seinen Blick auf Julians Spiegelbild. Dennoch konnte er sehen, wie sein Chef sich hinter dem glänzenden Mahagonischreibtisch streckte und einen Blick auf seine Rolex warf. »Zehn Minuten. Wie ist der Stand?«

David schüttelte den Kopf und begann, auf und ab zu gehen. Die automatische Bandansage machte ihn wahnsinnig. »*Vielen Dank für Ihre Geduld. Ihr Anruf ist uns wichtig ...*«

Klar. So wichtig, dass ihr ihn nicht entgegennehmt.

Ein Seitenblick verriet ihm, dass Julian ihn beobachtete. »Kriegst du deine Präsentation nicht so hin?«

David drehte sich um. »Ich bin natürlich gut vorbereitet und habe das meiste im Kopf, aber ich brauche die Zahlen, um meine Argumentation zu untermauern. Wenn ich sie nicht habe, reicht eine einzige Nachfrage, die ich nicht beantworten kann, und wir sind dem Untergang geweiht. Der Vorstand sucht doch nur nach Gründen, um eine Entscheidung zu rechtfertigen, die bestimmt längst gefallen ist.«

Julian zog eine Augenbraue hoch. »*Wir* sind dem Untergang geweiht?«

David starrte ihn an. Diese plötzliche kühle Distanz machte ihn von Minute zu Minute wütender. Er heftete den Blick wieder auf die Stadt hinter den Fenstern und schluckte eine Bemerkung hinunter, die Julian sehr wahrscheinlich dazu veranlasst hätte, ihn gleich vor die Tür zu setzen.

Die Ansage meldete sich wieder: »*Unsere Fluggäste haben für uns höchste Priorität ...*«

»Von wegen!« David konnte sich nur mit Mühe davon abhalten, seine Faust gegen die Scheibe zu donnern. Sein Atem ging immer schneller, die Panik drohte ihn zu überwältigen. Er musste die Kontrolle wiedererlangen. Für einen Moment schloss er die Augen und holte seine glücklichste Erinnerung hervor – die Schifffahrt vor einem Jahr, Caitlin im Kleidchen mit bauschigem Tüllrock und Sharon an seiner Seite. Ein seltener freier Tag mit Wind im Haar und Lächeln in allen Gesichtern. David spürte, wie er ruhiger wurde.

Er öffnete die Augen wieder und drehte sich zu Julian um. Ob man ihm die Verzweiflung ansah? »Wie stehen denn die Chancen, die Reihenfolge zu ändern, sodass ich später drankomme?«

David entdeckte den Anflug eines Lächelns auf Julians Gesicht. Die Umstände machten es ihm offensichtlich leichter. »Sehr schlecht. Der Zeitplan ist straff und es wäre unfair, einen der anderen damit zu überrumpeln, dass er auf einmal starten soll. Ich habe die Leute im ganzen Gebäude verteilt, damit sie nicht aufeinandertreffen. Sie machen sich alle dieselben Sorgen wie du.«

»Aber sie haben alles dabei, was sie brauchen. Kannst du es nicht wenigstens versuchen?« David gelang es kaum noch, den bettelnden Unterton zu unterdrücken.

Julian stand auf und schüttelte den Kopf. »Das ist fast unmöglich, aber ich werde sehen, was sich machen lässt.« Er verließ das Büro.

In der Telefonleitung klickte es. »Vielen Dank für Ihre Geduld, Sir.« Der junge Mann klang deutlich ruhiger als die anderen erschöpften, körperlosen Stimmen.

»Und?«, fragte David entnervt.

»Es scheint eine größere Verwechslung beim Gepäck gegeben zu haben ...«

»Das höre ich jetzt schon zum dritten Mal! Sagen Sie mir etwas, was ich noch nicht weiß!«

Der junge Mann schwieg einen Augenblick. »Nun, im Grunde sind Sie für Ihr Gepäck verantwortlich, aber Sie haben Glück. In weniger als einer Stunde wird es im Depot in der Stadt zur Verfügung stehen. Sie müssen allerdings den Koffer mitbringen, den Sie haben. Wollen Sie sich die Adresse notieren?«

Jetzt schlug David doch gegen das Fenster. Seine flache Hand hinterließ einen Abdruck. »Glück? Ich muss in zehn Minuten die Präsentation meines Lebens halten! Ich kann jetzt nicht zu irgendeinem Depot fahren ...«

Der junge Mann ließ sich nicht aus der Fassung bringen: »Verzeihung, Sir, wie es scheint, haben *Sie* den falschen Koffer vom Band genommen. Aber diskutieren wir nicht darüber, wer hier die Schuld trägt. Es wäre wunderbar, wenn Sie ...«

Julian kam zurück und David unterbrach das Gespräch kurz. »Also: Ich kann deine Präsentation um zwei Stunden nach hinten verschieben, aber mehr nicht. Wenn du bis dahin noch nicht zurück bist, wird der Vorstand ohne weitere Grundlage über deine Außenstelle entscheiden.«

David nickte und nahm das Telefonat wieder auf: »Geben Sie mir die Adresse.«

David schnappte sich ein Post-it von Julians Schreibtisch und kritzelte den Straßennamen und die Hausnummer darauf, die der junge Mann ihm nannte.

»Noch einmal, Sir, die Verwechslung tut mir sehr leid. Wir sehen uns dann im …«

David legte auf und war schon unterwegs zur Tür. »Das Gepäckdepot ist im Baugebiet in den Docklands. Das ist nicht weit von hier, oder?«

Julian schüttelte den Kopf. »Das solltest du schaffen.«

David stürmte mit dem Koffer aus dem Büro. Dabei verwünschte er leise die unfähigen Flughafenmitarbeiter, gierige Konzernhaie, seine Frau und zur Sicherheit das ganze Universum.

Als er auf den Fahrstuhl zuhielt, schallte Julians Stimme ihm über den Flur hinterher. »Du hast zwei Stunden, mehr nicht! Du schuldest mir was!«

Ich schulde dir was? Es kostete David seine ganze Kraft, um so zu tun, als hätte er ihn nicht gehört. Er schlug auf den Fahrstuhlknopf. Da klingelte sein Handy.

Caitlin.

»Daddy!«

Sofort wurde ihm warm ums Herz. »Wie geht es meiner Kleinen?«

»Wir schauen uns die Prinzessinnen-Show an und ich werde auch eine Prinzessin und da sind noch ganz viele andere mit tollen Kleidern und das wird so toll!«

Ein Versprechen war ein Versprechen, auch wenn die Tickets für *Disney on Ice* noch nicht gebucht waren und er zu dem Zeitpunkt, als diese Idee aufgekommen war, nicht im Entferntesten damit gerechnet hatte, womöglich bald arbeitslos zu sein.

»Ganz genau, mein Schatz. Das machen wir, wenn ich von meiner Reise wieder da bin.«

Der Aufzug ließ auf sich warten.

»Ich will aber heute fahren, Daddy!« David stellte sich vor, wie sie schmollte. Sie würde ohne Zweifel immer seine kleine Prinzessin sein.

»Nein, Schatz, wenn ich wieder da bin, planen wir das.« David drückte wie wild auf den Fahrstuhlknopf.

»Und ich möchte einen Stirnreif wie eine Prinzessin und ganz viel Schokolade.«

David verbiss sich das Lachen, aber da schob sich bereits wieder die Angst in den Vordergrund und verdrängte den kleinen Lichtblick. »Okay, versprochen. Du bekommst deinen Stirnreif.«

Ein Gong kündigte den Fahrstuhl an und David schob sich an einigen Anzugträgern vorbei hinein und presste seinen Zeigefinger auf die Taste fürs Erdgeschoss.

»Ich muss los, Caitie. Ich muss meinen Koffer für den Termin finden.«

»Tschüss.«

Klick. Weg war sie.

Mit jeder aufleuchtenden Etage ging Davids Atem schneller. Er musste um jeden Preis seinen Arbeitsplatz retten.

KAPITEL 8

Als Gillian zu ihr ins Auto stieg, hielt Becky das Lenkrad umklammert und atmete durch die Nase wie früher ihre Mutter, wenn Gillian etwas ausgefressen hatte. »Und wo ist das jetzt?«

»Im Baugebiet in den Docklands.« Gillian sagte die Adresse an.

Becky lockerte und festigte ihren Griff, atmete noch einmal geräuschvoll aus und fuhr aus der Einfahrt.

Gillian sah abwechselnd aus dem Fenster und auf ihre in den Schoß gelegten Hände. »Tut mir leid wegen der Verzögerung, aber vergiss nicht, dass *du* den Koffer vom Band geschnappt hast.«

Wenn es um Kritik ging, perlte alles an ihrer Schwester ab. »Ich hatte noch nie Probleme mit meinem Gepäck. So, aber lassen wir uns den Tag von deinem Koffer nicht vermiesen. Wir müssen positiv bleiben. Alles ist durchgeplant. Wir fahren trotzdem noch ins *Marcellinas* und morgen Nachmittag gehen wir zur Maniküre und zur Kosmetik. Ich muss als Brautmutter einfach traumhaft aussehen. Das ist in unserem Tennisklub die dritte Hochzeit in diesem Monat.«

Gillian sah wieder aus dem Fenster. »Du hast mir noch gar nicht die Frage beantwortet, wie es Brent geht. Bringt er sich gar nicht in die Hochzeitsvorbereitungen ein?«

Becky zögerte und runzelte die Stirn. »Nein, er macht nicht viel, aber er muss auch arbeiten. Wir sehen ihn beim Pre-Wedding-Dinner. Wie geht es denn Rick auf Arbeit? Bestimmt gut, oder? Er verdient sicher einen Haufen Geld?«

»Im Augenblick legt er sich wirklich ins Zeug. Er hat viel Druck und seine Chefs sprechen immer wieder davon, dass Leute entlassen werden müssen, aber er ist noch da. Der Tapetenwechsel und die Hochzeit sind genau das, was er jetzt braucht. Wir alle brauchen das gerade.«

»Gut, dass du das so siehst, Gilly. Ich wusste nicht, wie ich das sagen soll, ohne dass du das in den falschen Hals kriegst, aber du wirkst müde. Und zugelegt hast du auch.«

Gillian verdrehte die Augen. »Vielen Dank.«

»Nun, ist doch so und ich mache mir Sorgen um dich. Du hast nicht ein einziges Mal glücklich ausgesehen, seit ich dich abgeholt habe, und ich dachte eigentlich, Jessicas Hochzeit wäre für uns alle ein schöner Anlass.«

Gillian lag eine Erwiderung auf der Zunge, doch sie verkniff sie sich und sagte stattdessen: »Wenn es dir lieber gewesen wäre, dass ich nicht früher komme ...«

»Nein, natürlich nicht.« Becky sah sie im Spiegel über den Rand ihrer Designer-Sonnenbrille an. »Pass auf, wir holen erst dein Gepäck und dann reden wir in Ruhe beim Essen. Nicht hier draußen irgendwo im Nirgendwo.«

Die Landschaft vor Gillians Fenster wurde mit jeder Minute karger. Diese Gegend hatte nicht gerade viel zu bieten. Straßenzug um Straßenzug erstreckte sich eine einzige Staubwüste mit Büscheln aus kniehohem Unkraut und gelegentlichen Baumaschinen, die sich selbst überlassen worden waren und in der salzigen Luft langsam verwitterten. Riesige Kräne standen wie in der Bewegung erstarrt, ein Stillleben mit Stahlgiraffen in einer staubigen Savanne. Die einzigen Lebewesen waren Meeresvögel, die hin und wieder im Wind segelten und ihren Hunger hinauskreischten.

Becky bremste ab, als sie eine einsame weiße Lagerhalle erreichten, die in dieser urbanen Wüste ganz für sich stand. Sie hielt am Straßenrand an. »Das ist die Adresse. Bist du sicher, dass das hier ist?«

»Ich bin sicher«, erwiderte Gillian und stieg aus. Nach der gekühlten Luft im Auto fühlte sich die Hitze noch extremer an.

Becky ließ Gillians Fenster einen Spalt herunterfahren. »Gut, ich warte hier. Dauert ja hoffentlich nicht so lange.« Becky hatte das Talent, ihre Stimme so klingen zu lassen, als würde sie die Augen verdrehen.

»Nein, das sollte schnell gehen.« Gillian holte den Koffer vom Rücksitz, überquerte damit die verwaiste Straße und hielt auf die einzige Unterbrechung der strahlend weißen Fassade zu: eine glatt abschließende Glasdoppeltür.

Die Türen öffneten sich und sie betrat einen Empfangsbereich, der aussah, als gehörte er zu einem Krankenhaus. Alles war weiß. Weiße Bilder in weißen Rahmen an weißen Wänden. Weiße Loungesessel. Weiße Blumen in weißen Vasen. Eine weiße Wanduhr. Und auf dem weißen Tresen gab es eine kleine weiße Glocke. Gillian schwenkte sie. Sie klang wie aneinanderstoßende Champagnergläser.

Das Geräusch verhallte, aber nichts geschah.

»Hallo?« Gillian bimmelte noch einmal.

Der einzige Farbfleck im Raum war ein blaues Schild neben der Tür zu einer Seite des Tresens: »Gepäckservice«.

Gillian hörte Schritte hinter der Tür. Dann drehte sich der Knauf.

KAPITEL 9

David holte noch mehr Bargeld aus seinem Portemonnaie, um sicherzustellen, dass er nicht in dieser verlassenen Industriegegend stranden würde.

Der Taxifahrer streckte die schwitzigen Hände nach den Geldscheinen aus. »Dafür warte ich zwanzig Minuten.« Sein Lächeln war schmierig und Davids Argwohn wurde größer. Dieser Typ würde vermutlich abhauen, sobald er das seltsame Gebäude betrat.

David holte sein Handy heraus und fotografierte erst den Fahrer und dann die Taxinummer am Armaturenbrett. »Es macht Ihnen hoffentlich nichts aus, wenn ich auf Nummer sicher gehe.«

Das Lächeln des Taxifahrers erstarb.

David stieg aus und zog die zerknitterte Haftnotiz aus der Hosentasche. Das war die richtige Adresse, aber es wirkte nicht so, als wäre die Halle noch in Betrieb. Das ganze Viertel war wie ausgestorben – leere Straßen und Baustellen, auf denen allenfalls Vogelgeräusche und das Rauschen des Windes zu hören waren.

Das Sonnenlicht, das von dem komplett weißen Gebäude reflektiert wurde, brannte David in den Augen. Was für eine lächerliche Fluggesellschaft richtete so weit ab vom Schuss ihr Depot ein?

Er stürmte über die Straße und streifte suchend von einer Seite der Lagerhalle zur anderen. Die fensterlose weiße Front schien endlos zu sein. Keine Tür zur Linken, keine Tür zur Rechten. David stapfte bis zum Ende der Halle, rauschte um die Ecke und blieb wie angewurzelt stehen. Nichts als glattes Weiß und eine leere Straße, die an einem Zaun vor dem Kai endete. Und nirgendwo ein Lebenszeichen.

Er machte kehrt und lief an der Vorderseite zurück. Er war schon wieder völlig nass geschwitzt, rannte hier wie ein Idiot mit einem fremden Koffer durch die Gegend und verplemperte Zeit, die er nicht hatte. Irgendwo musste es ja wohl einen Eingang geben! An der anderen Querseite des Gebäudes wurde er fündig. In der Mitte befand sich ein einfaches weißes Rolltor – fest verschlossen vor ihm und dem Rest der Welt – und gleich daneben prangte der einzige Farbtupfer am ganzen Gebäude: ein dunkelblaues Schild, auf dem in stolzen Lettern »Gepäckservice« stand.

Na endlich!

David eilte zum Tor und suchte nach einer Klingel oder einem Schalter, um jemanden herbeizuläuten, der ihm aus seiner Misere helfen würde. In weniger als zwei Stunden musste er vor den Vorstand treten und seine Zukunft retten.

Aber nirgendwo war ein Knopf, den er hätte drücken können. Abgesehen von dem Schild gab es überhaupt nichts an der Wand.

David trat zurück und sah am Gebäude auf und ab. Dieses Tor war seine einzige Option, wenn er nicht einen halben Kilometer bis zur nächsten Ecke laufen wollte, um zu gucken, was sich an der Rückseite dieser seltsamen, verlassenen Lagerhalle befand. Was war das hier für ein Betrieb?

Er klopfte fest gegen das Rolltor. »Hallo?«

Nichts.

Das Tor schepperte, als er mit der Faust dagegenschlug. »Hallo!?« Er wandte sich ab, tippte die Nummer der Fluggesellschaft in sein Handy und wappnete sich für den Anruf. Dem nächsten Servicemitarbeiter, der vorgab, sich persönlich um ihn zu kümmern, während er von einem Skript ablas, würde er volle Breitseite geben.

Während es noch klingelte, hörte er es hinter sich rasseln. Er drehte sich um. Das Rolltor klapperte noch einmal und mit dem

Geräusch klirrender Ketten und dem Ächzen eines alten Motors fing es langsam an, sich zu heben. David legte auf.

Helles weißes Licht drang aus dem wachsenden Spalt und David trat von einem Bein aufs andere, bereit, ein Donnerwetter auf denjenigen loszulassen, der ihm jeden Moment gegenüberstehen würde. Das Tor fuhr weiter nach oben und er setzte seine finsterste Miene auf, den bösen Blick der zu Unrecht Benachteiligten.

Aber seine Miene bröckelte, als er in ein bekanntes Gesicht sah.

KAPITEL 10

Der Taxifahrer bremste unsanft ab und hielt seinen fleischigen, haarigen Arm in Richtung Beifahrersitz. »Zweiundzwanzig«, blaffte er.

Zweiundzwanzig Dollar? Für zehn Minuten Fahrt?

Michael schluckte. »Sind Sie sicher? Der Coach meinte, es kostet zwölf.«

Der Fahrer sah sich demonstrativ im Wagen um, bevor er seinen abgebrühten Blick auf Michael richtete. »Wer auch immer dieser Coach ist, ich sehe hier keinen und ich sitze am Steuer. Zweiundzwanzig Dollar.«

Michael zog sein Portemonnaie weit auf und hoffte, durch einen glücklichen Zufall noch versteckte Scheine in den Lederfurchen zu finden. Seufzend reichte er dem Mann das Geld. »Und wie komme ich zurück zur Uni?«

»Ist nicht mein Problem. Vielleicht schickt dir dein Coach ja Geld.« Der Fahrer nickte in Richtung Tür.

Eine Entgegnung schoss Michael durch den Kopf – *Geht's noch? Sie können mich nicht einfach so abzocken* –, aber sie weigerte sich, seinen Mund zu verlassen.

Er stieg aus, das Taxi fuhr fort und er schob das fast leere Portemonnaie mit einem tiefen Seufzer zurück in die Hosentasche. Vielleicht konnten die Leute beim Gepäckservice ihm helfen zurückzukommen. R2-D2 meldete sich. Dad.

Vergiss nicht, die Videos zu erwähnen, die ich hochgeladen habe, Mikey.

Michael schüttelte den Kopf und wischte die Nachricht weg.

Das Gebäude, vor dem er stand, war eine massive weiße Lagerhalle, die in der Sommersonne wie ein Leuchtfeuer strahlte. Das Licht ließ sie fast durchscheinend wirken. Michael musste die Augen abschirmen. Das Gebiet war eine einzige Baustelle mit Zäunen, die eigentlich nichts absperrten, nur leere Grundstücke mit Schutt und liegen gebliebenem, verbogenem Stahlschrott. Das Einzige, was zu hören war, waren das Kreischen der Möwen und Müll, der vom Wind gegen Maschendrahtzäune geworfen wurde.

Michael sah nach links und rechts. Die Halle nahm die Breite eines ganzen Häuserblocks ein, hatte aber keine Fenster oder Türen. Ein großes blau-weißes Schild unterbrach die strahlende Brillanz des weißen Kastens, auf dem ein klobiger Pfeil und ein Ausrufezeichen verkündeten, dass sich der Gepäckservice um die Ecke befand.

Michael hatte Mühe, einen klaren Gedanken zu fassen. Er sah die Zukunft – sowohl die unmittelbare als auch die in weiter Ferne – in der Hitze dahinschmelzen. Er dachte an die Regale im Laden seines Vaters.

Er umrundete die Ecke. Wieder erstreckte sich die Halle bis zur nächsten Straße und auch hier waren weder Türen noch Fenster zu entdecken. Er blieb stehen und sah über die Schulter zurück. Jetzt war er schon die halbe Strecke bis zur nächsten Straße gelaufen. Hatte er etwas verpasst? War er so durch den Wind, dass er genau in die entgegengesetzte Richtung des Pfeils marschiert war? Michael seufzte. Er wollte gerade weitergehen, da tauchte eine Tür vor ihm auf, gerade einmal drei Meter entfernt. Er musste zweimal hinsehen. *Wo kommt die plötzlich her? Oh Mann, mit mir ist ja echt nicht mehr viel los.*

Auf der Tür prangte ein kleines, blau-weißes Schild: »Gepäckservice«!

Michael schob die Tür auf und trat die Schuhe an einer flauschigen weißen Fußmatte ab. Er stand in einem blütenweißen Empfangsraum. Ein weiteres blau-weißes Gepäckservice-Schild stand auf einem Tresen. Hinter einem Schreibtisch saß ein Mann im dunkelblauen Overall mit Kappe und war in irgendwelche Dokumente vertieft.

Michael stellte sich an den Tresen und wartete darauf, dass der Mitarbeiter ihn wahrnahm.

Nichts geschah.

Er schaukelte auf den Fersen vor und zurück und hoffte, die Bewegung würde den Mann dazu bringen aufzusehen. Aber der las konzentriert weiter.

Michael brach das Schweigen mit einem kaum hörbaren Räuspern, dem leisestmöglichen Geräusch, um jemanden höflich zu unterbrechen.

Als der junge Mann aufblickte, erkannte Michael ihn wieder. Von ihm hatte er am Flughafen den Kofferwagen bekommen! Jetzt erhob er sich mit einem breiten Lächeln und hob kurz die Kappe. Sofort fielen ihm seine lockigen schwarzen Haare in die Stirn. »Willkommen beim Gepäckservice! Ich bin der Gepäckträger. Brauchen Sie Hilfe mit Ihrem Gepäck?«

Michael lächelte zurück. Wenigstens ein bekanntes Gesicht! Der Mann würde ihm bestimmt wirklich gern weiterhelfen.

KAPITEL 11

Michael folgte dem Mann vom Gepäckservice einen weißen Flur mit unzähligen weißen Türen hinunter. Der Künstler in ihm bekam Zustände. Er war ein Fan von Weißraum, aber dieser Ort war doch irrwitzig! Eine weiße Tür nach der anderen, nur die Türknäufe waren schwarz. Keine Schilder, keine Hinweise darauf, was dahinter war, und der Flur schien sich bis zu einem schwarzen Punkt in der weiß schimmernden Ferne fortzusetzen.

Der Gepäckträger blieb plötzlich vor einer der Türen stehen, angelte einen schweren Bund goldener Schlüssel aus der Tasche und suchte einen heraus. Dann bat er Michael in einen Warteraum, der nach so viel Weiß ein Frontalangriff auf seine Sinne war. Es war, als wäre ein Malkasten explodiert. Alle nur denkbaren Farben schrien in einer Regenbogenkakofonie nach Aufmerksamkeit.

Ein abgewetztes, durchgesessenes Sofa mit rotbraunem Schachbrettmuster schien sich fast für seine Existenz als Sitzgelegenheit entschuldigen zu wollen. Auf seinem Polster lagen Kissen, die drei weitere völlig unpassende Farben in die wilde Mischung warfen: Blau, Schwarz und Orange. Ein alter Röhrenfernseher stand auf einem fleckigen, verbeulten Kiefernholzschränkchen.

Neben einem großen Spiegel mit hellgelbem Plastikrahmen brummte ein massiver Kühlschrank in Senfgelb vor sich hin, noch ein Relikt aus einer vergangenen Zeit und ein Wink in eine weitere Ecke der Farbpalette. Daneben hing eine Uhr mit übergroßem Ziffernblatt und neonblauen Zeigern, die an Edwards

Scherenhände erinnerten und den Tag in seine Einzelteile zerstückelten.

Michael schüttelte sich.

Der Gepäckträger sah auf sein Klemmbrett. »Wie es aussieht, gab es nicht nur einen schwarzen Koffer mit rotem Anhänger auf Ihrem Flug. Entschuldigen Sie die Unannehmlichkeiten. Ich bin gerade der einzige Mitarbeiter hier, also machen Sie es sich bitte bequem. Und bedienen Sie sich.« Er deutete auf den Kühlschrank und ging in Richtung Tür. Dabei pfiff er eine Melodie, die Michael irgendwie bekannt vorkam.

Michael sah sich im Farbchaos um. Die Möbelstücke schienen alle aus ihrer eigenen Ära zu stammen und auf gut Glück zusammengewürfelt worden zu sein. »Ich wusste ja, dass das eine Billig-Airline ist, aber das hier … Wow!«

Der Gepäckträger blieb abrupt stehen. »Ich mag Farbe. Je mehr, desto besser, oder nicht?«

Michael biss sich auf die Unterlippe. »Tut mir leid, wenn ich Sie beleidigt habe. Ich habe nur ziemlich viel für Kunst übrig und ...«

Der Gepäckträger hatte die Arme verschränkt und tippte sich mit dem Klemmbrett gegen die Brust. »Sie sind Künstler? Wie schön!«

Ein winziges Lächeln stahl sich auf Michaels Gesicht.

»Und, sind Sie gut?«

Das Lächeln stockte. »Sagt zumindest mein Lehrer.«

Der Gepäckträger sah ihn mit seinen blauen Augen voller Mitgefühl und einer Spur Wehmut an. »Ich meinte, ob *Sie* glauben, gut zu sein.«

Die Antwort auf diese Frage lauerte direkt unter der Oberfläche, aber Michael war es gewohnt, sie nicht weiter nach oben kommen zu lassen. »Ich ... ich ... glaube schon.«

»Was führt Sie in unsere Stadt? Wollen Sie die Kunstgalerie besuchen?«

»Wenn ich es schaffe, später vielleicht. Ich bin wegen einer Stipendiumsbewerbung an der Clarendon University hergereist.«

Das Gesicht des Gepäckträgers hellte sich auf. »Das ist ja fantastisch! Dann müssen Sie wirklich ein talentierter Künstler sein.«

»Eigentlich geht es um ein Sportstipendium.«

Der Gepäckträger runzelte die Stirn. »Aber Sie sind doch Künstler.«

Der Einwand wühlte etwas in Michaels Innerem auf. Plötzlich hatte er das Bedürfnis, sich zu erklären. »Ja, ich weiß, aber mein Vater hat die ganze Sache organisiert, weil er glaubt ...« Er brach ab. »Jedenfalls werde ich überhaupt kein Stipendium bekommen, wenn ich nicht meinen Koffer habe und es wieder zurück zur Uni schaffe. Wie lange wird das hier dauern?«

»Nicht lange. Es hängt von Ihnen ab.«

Michael legte den Kopf schief. Was sollte das denn heißen?!

»Hier, bitte unterschreiben.« Der Mann hielt ihm das Klemmbrett unter die Nase.

Michael nahm den Stift und setzte sorgfältig seinen Namen unter das Formular.

»Danke. Bin gleich zurück.« Der Gepäckträger nahm den vertauschten Koffer an sich, ging hinaus und schloss die Tür hinter sich.

Michael war allein in diesem seltsamen Kaleidoskop von einem Raum. Er ließ sich auf das Sofa fallen. Es ächzte, als würde es jeden Augenblick zusammenbrechen. Eine ganze Minute lang versuchte er, eine bequeme Sitzposition zu finden, aber es gelang ihm nicht. Die Kissen waren ein Graus: Eins war zu hart, das nächste zu weich und auch mit dem dritten konnte man es sich nicht wirklich gemütlich machen.

Michael stand wieder auf, um einen Blick in den Kühlschrank zu werfen. Dessen Tür ließ einen mechanischen Klagelaut hören und gab den Blick auf ein Tablett mit frischen Sandwiches frei. Michael suchte sich eins davon aus und biss herzhaft hinein. Erst als sich der Geschmack auf seiner Zunge entfaltete, merkte er, wie hungrig er eigentlich war.

Mit vollem Mund betrachtete Michael die Motivationsposter

an der Wand. Das erste – eine Darstellung von Martin Luther King jr. aus Andy Warhols Augen – rief seinen inneren Kritiker auf den Plan. Er las die Bildunterschrift: »Wir müssen endliche Enttäuschung annehmen, dürfen aber niemals die unendliche Hoffnung verlieren«. Michael nickte. Tolles Zitat, nur die klischeehafte Darstellung war ein Jammer.

Er ging weiter zum nächsten Plakat. Ein Bergsteiger hing an einer Hand von einer schneebedeckten Klippe. Die dazugehörige Message war: »Nur du weißt, ob du der Herausforderung gewachsen bist.«

Beim dritten Poster musste er lachen. Eine nicht gerade begeistert wirkende Bulldogge war just in dem Moment fotografiert worden, in dem sie blinzelte, und sah aus, als hätte sie eine Wespe verschluckt. »Du bist du. Gewöhn' dich dran.«

Wenn das so einfach wäre ...

Michael ging noch einmal an den Kühlschrank und nahm sich ein weiteres Sandwich heraus. Die restlichen beiden würde er aus Höflichkeit übrig lassen. Er betrachtete den alten Fernseher; so einen hatte er zuletzt im Wohnzimmer seines Großvaters gesehen. Er ließ sich wieder aufs Sofa sinken und sah den Zeigern der Uhr dabei zu, wie sie Minuten herunterzählten, die er nicht hatte. Minuten, die ihn um das Stipendium bringen konnten. Minuten, die ihn innerhalb einer Woche zum Regalauffüller im Baumarkt machen würden. Michael beugte sich vor und vergrub das Gesicht in den Händen. Ihm fiel ein, dass er besser noch mal sein Handy checken sollte. Keine Nachricht vom Coach, aber dann sah er den möglichen Grund – kein Empfang.

Es graute ihm schon vor dem Gespräch zu Hause, vor den unzähligen »Ich habe dir doch gesagt«-Sätzen seines Vaters, gespickt mit den üblichen Seitenhieben, was für eine Enttäuschung er war. Ein Gespräch, das er von vorne bis hinten auswendig kannte. Wobei man es im Grunde kaum als solches bezeichnen konnte. Dazu hätte er selbst auch einen Redeanteil haben müssen.

KAPITEL 12

Gillian pfiff durch die Zähne, als sie den Warteraum betrat. »Wow, das passt ja mal gar nicht zu einer Billigfluggesellschaft. Ich wünschte, unser Wohnzimmer würde so aussehen!«

Neben einer niedrigen, eleganten Couch aus braunem Leder war eine Stehlampe platziert, deren Lampenschirm mit dunkelgrünen und goldfarbenen Blättern bedruckt war. Ein großer Couchtisch aus Mahagoniholz beherrschte den Raum. Darauf lud eine riesige Glasschüssel voller Obst zum Zugreifen ein; ein mit Rotwein gefüllter Dekanter aus Kristallglas und zwei langstielige Weingläser standen dabei.

An der Wand hing ein großer Flachbildschirm. Die Stimmen, die aus seinem Lautsprecher drangen, waren nur in Murmellautstärke, aber den ernsten Blicken, theatralischen Überreaktionen und perfekten Zähnen nach zu urteilen, musste es irgendeine Soap sein.

Der Gepäckträger folgte ihr mit einem Wagen, auf dem er den Koffer transportierte, den Gillian mitgebracht hatte.

»Warum wollen Sie, dass Ihr Wohnzimmer so aussieht? Es ist ziemlich leer.«

Die Ledercouch gab ein tiefes, irgendwie anmutiges Seufzen von sich, als Gillian sich darauf niederließ. »Leer? Dieser Ort ist perfekt! Mein Zuhause ist dagegen das reinste Chaos.«

»Hmm.« Der Gepäckträger nickte und sah sie nachdenklich an.

Gillians Blick fiel auf zwei riesige Wandposter. Auf einem beäugte ein trauriger Welpe einen Knochen, der vor seiner Hundehütte lag. Darunter stand: »Stop wishing. Start doing.« Auf dem Poster daneben war eine wunderschöne Sonnenblume auf einer Wiese bei Tagesanbruch abgebildet. Tautropfen benetzten ihr Gesicht wie Morgentränen. Gillian las die Bildunterschrift laut vor: »Alle Blumen sind auf ihre ganz eigene Art schön und dasselbe gilt für Frauen.« Wie die Zeile darunter verriet, handelte es sich um ein Zitat von Miranda Kerr.

Es bestand kein Zweifel, die Sonnenblume sah wundervoll aus, gekleidet in elegantes Gelb, das verweinte Gesicht von der Morgensonne getrocknet.

»Ein schöner Gedanke!« Gillian zeigte auf das Poster.

»Sehe ich auch so. Wir versuchen uns in der Firma mit den richtigen Botschaften zu umgeben.« Wieder betrachtete er Gillian mit dieser unergründlichen Miene. »Glauben Sie denn, dass die Aussage stimmt?«

Gillian wusste nicht, was sie darauf erwidern sollte. Neben der Sonnenblume hing ein Ganzkörperspiegel mit dunklem Mahagonirahmen. Nicht gerade etwas, was sie im Warteraum eines Depots erwartet hätte. Sie erhaschte einen Blick auf sich selbst, wie sie auf dem Sofa saß, und schaute schnell weg, ein automatischer Reflex.

Der junge Mann trat vor. »Ich habe da ein Formular zum Unterschreiben für Sie und dann kümmern wir uns um Ihr Gepäck. Alles in Ordnung?«

Gillian verschränkte die Arme. »Natürlich, warum fragen Sie?«

»Sie sehen mitgenommen aus.« Der Gepäckträger setzte sich neben sie.

Gillian rutschte ein Stück zur Seite.

»Ich hoffe, Sie nehmen mir das nicht übel, aber Ihr Gesichtsausdruck war gerade unglaublich traurig.«

Gillian schüttelte den Kopf. »Er war nicht anders als sonst.«

Der Gepäckträger legte den Kopf schief und sah sie mit seinen blauen Augen voller Mitgefühl und einer Spur Wehmut an. »Ich lerne einfach sehr viele Leute kennen und ich versuche zu helfen, wo ich kann. Kann ich irgendetwas für Sie tun?«

Seine Besorgnis tat Gillian gut. Dieser junge Mann sah hinter den Vorhang, mit dem sie sonst die Welt aussperrte. »Abgesehen davon, mir meinen Koffer zurückzugeben, eigentlich nicht, aber vielen Dank, dass Sie fragen.«

»Keine Ursache. Sagen Sie einfach Bescheid, wenn Sie Hilfe brauchen.« Der Gepäckträger sah auf sein Klemmbrett. »Also … Wie es aussieht, gab es nicht nur einen schwarzen Koffer mit rotem Anhänger auf Ihrem Flug. Entschuldigen Sie die Unannehmlichkeiten. Wenn Sie dieses Formular unterzeichnen, können wir das schnell regeln.«

Gillian nahm das Klemmbrett entgegen. »Sehr gut! Meine Schwester wartet nämlich draußen und ich bin jetzt schon über fünf Minuten hier drin.« Sie überflog das Formular. »Was ist das?«

»Lesen Sie.«

»›Ich verspreche, mich um mein Gepäck zu kümmern, bevor ich das Gebäude verlasse.‹ Na, das ist ja mal eine Bedingung!«

»Wir müssen uns das leider bestätigen lassen.«

»Aber *sich kümmern?*«

Der Gepäckträger lächelte breit. »Ja, sich kümmern.«

»Seltsam ausgedrückt. Holt man nicht normalerweise sein Gepäck einfach ab?«

»Ja, die Leute holen ihr Gepäck ab, aber es würde ihnen besser gehen, wenn sie sich darum kümmerten. Daher ist das genau das, was wir meinen.«

Eine kurze Stille entstand, die sich wie eine Pause im Universum anfühlte. Die Aussage stand im Raum wie ein buntes Sofa. »Wenn Sie das sagen. Letztendlich sind es ja nur Worte.«

Der Gepäckträger schüttelte den Kopf. »Worte können sehr viel Macht haben.« Dann ließ er wieder sein Lächeln sehen und zeigte auf das Formular. »Dort unten, bitte.«

Gillian unterschrieb. »Das hätten wir.«

»Vielen Dank.« Der Gepäckträger nahm ihr das Klemmbrett ab und zeigte auf den Koffer. »Ihrer sieht genauso aus wie dieser, aber Ihr roter Anhänger ist nicht aus Leder mit Prägedruck.«

»Ja, genau.« Sie dachte daran, wie Becky einfach einen schwarzen Koffer geschnappt hatte und an ihr vorbeigestürmt war. Sie war auf ihrer eigenen Reise zurückgelassen worden. Gillian ließ die Schultern hängen. »Meine Schwester hat ihn vom Gepäckband geholt. Ich wünschte, ich hätte das selbst gemacht.«

»Stop wishing. Start doing.«

»Wie bitte?«, fragte Gillian verwirrt.

Er zeigte auf das Poster mit dem Welpen. »Dort drüben. Klingt doch wie ein guter Rat.«

Dieser Mann war wirklich schräg. »Sie waren doch am Flughafen, richtig? In der Gepäckausgabe, mit einem Wagen?«

Der Gepäckträger fasste sich an seine Kappe. »Aber natürlich. Ich habe den Reisenden mit ihrem Gepäck geholfen.«

»Und hier arbeiten Sie auch?«

»Ich bin immer dort, wo ich gebraucht werde.« Sein Mobiltelefon brummte. »Ich hole kurz Ihren Koffer und dann helfe ich Ihnen. Bin gleich zurück. Machen Sie es sich bequem.«

Er schob den Wagen aus der Tür und ließ Gillian in dem perfekten Warteraum allein, mit der perfekten Obstschale auf dem perfekten Mahagonitisch und einem perfekten Leben, das sich auf dem Fernsehbildschirm abspielte.

Sie warf einen weiteren Blick auf das Welpenposter und ließ sich wieder auf die Couch sinken. Dieses Mal war ihr Seufzen lauter als das des Sofas.

KAPITEL 13

Die Sekunden tickten vorüber und schienen in Davids Kopf widerzuhallen. Dieser Gepäcktyp hatte ihn gebeten, kurz zu warten, aber das war schon ewig her.

Neunzig Minuten bis zur Präsentation. Wo blieb der Kerl? David trommelte mit den Fingern auf das rissige schwarze Leder des Sofas. Es war ihm egal, ob der Mitarbeiter alleine war, es konnte ja wohl nicht so schwer sein, einen Koffer umzutauschen!

David legte die Füße in den schwarzen Schuhen auf den ebenfalls schwarzen Couchtisch. Er hatte Kaffeetassenspuren und war mit einer dicken Staubschicht bedeckt. David streckte sich auf dem Sofa aus, das teilweise noch glänzte, an den Nähten aber schon aufplatzte und die Polsterung herausquellen ließ, als könne es sie nicht länger halten.

An einer Seite des Raums befand sich ein glänzendes weißes Sideboard. Darauf stand ein antiker bronzener Wecker, die Zeiger stolz und müde vor einem in die Jahre gekommenen Zifferblatt. Daneben ragte an der Wand schief ein mannshoher Spiegel in schwarzem Eisenrahmen auf, offensichtlich ein paar Mal zu oft angeeckt und herumgetragen. Die Decken und Wände des Warteraums erstrahlten in glänzendem Weiß, aber das Mobiliar hatte seine besten Tage längst hinter sich. Außerdem wurde hier drinnen wohl regelmäßig geraucht; der bittere Geruch von Nikotin hing über allem.

David konnte angesichts dieser mangelnden Professionalität nur den Kopf schütteln. Was für eine Firma stellte einen Raum, den sie der Öffentlichkeit präsentierte, mit Möbeln voll, die dringend Zuwendung brauchten?

Wenigstens einer Erwartung wurden sie gerecht: An der gegenüberliegenden Wand hing das obligatorische Motivationsposter, der einzige Farbfleck in dieser schwarz-weißen Umgebung. Nur, dass es auf keines der typischen Themen wie Disziplin oder Hartnäckigkeit setzte, sondern mit dem Wort »Vergebung« überschrieben war. Ein winziger Hüttensänger flog gerade aus einem schäbigen Käfig heraus und darunter stand der Spruch: »Vergeben heißt, einem Gefangenen die Freiheit zu schenken und zu erkennen, dass es sich bei dieser Person um dich selbst gehandelt hat.« David schüttelte wieder den Kopf. Solche Sprüche waren höchstens etwas für diese Teambuilding-Wochenendseminare.

Verzweifelt versuchte er sich mit seinem Handy von der weiter voranschreitenden Zeit abzulenken. Er katapultierte Angry Birds umher, während seine Ungeduld stetig wuchs und sich dann und wann in geräuschvollem Ausatmen Bahn brach.

Die nächsten drei Minuten lösten sich in Luft auf.

Wenn etwas richtig gemacht werden soll, musst du es selbst machen.

Er sprang auf, marschierte zur Tür, riss sie auf und spähte in den Flur. Es gab keine Anzeichen, wohin dieser Jungspund verschwunden war; der lange weiße Korridor mit einer weißen Tür nach der anderen setzte sich vollkommen leer bis zu einem schwarzen Punkt in der Ferne fort.

Was war das hier für ein Ort? Wer ließ im einundzwanzigsten Jahrhundert Türen weiß und klatschte nicht die Unternehmensfarben überallhin?

David sah nach rechts, dann nach links und wartete auf irgendeine Bewegung. Irgendetwas. Nichts geschah.

»Hallo?« Nur seine eigene Stimme hallte von den Wänden wider.

Mit einem Schnauben kehrte er zum Sofa zurück. Wenn es

so weiterging, würde er noch eine Verlängerung für seine Präsentation brauchen. Diese unfähige Fluggesellschaft hatte schon ein Viertel seiner Gnadenfrist verplempert. Sollte er Julian besser schon mal vorwarnen? Doch das erübrigte sich, als er feststellte, dass sein Handy hier keinen Empfang hatte. Die Adern über seinen Schläfen pulsierten.

Der Türknauf knarzte und David verrenkte sich beinahe den Hals, was ihm nur noch mehr Grund gab, diesem Gepäckträger ein saftiges Kundenfeedback zu verpassen. Der junge Mann trat pfeifend ein und David ging sofort zum Angriff über: »Was läuft hier eigentlich? Ich muss auf schnellstem Weg zurück ins Büro und Sie lassen mich eine geschlagene halbe Stunde in diesem Witz von einem Warteraum versauern?!«

Sein Gegenüber schien wenig beeindruckt. Der junge Mann stand nur abwartend da – als würde Davids Standpauke ihn gar nichts angehen. David hielt inne, um Luft zu holen.

Der Gepäckträger tippte sich mit einer Hand an die Kappe, mit der anderen hielt er sein Klemmbrett fest. »Sind Sie fertig?«

David war auf bedauernde, unterwürfige Verteidigung gefasst gewesen oder auf einen schuldverschiebenden Gegenangriff. Aber dass dieser Mann seinen Ärger geradezu desinteressiert abtat … Sein Mund klappte auf und zu wie ein Fischmaul.

»Wie es aussieht, gab es nicht nur einen schwarzen Koffer mit rotem Anhänger auf Ihrem Flug. Entschuldigen Sie die Unannehmlichkeiten.«

»Unannehmlichkeiten?« David riss frustriert die Arme hoch. »Ihre Megapanne könnte mich meinen Job kosten!«

»Wissen Sie, wenn Sie sich nicht darum kümmern, wird es Sie noch weit mehr kosten als nur Ihren Job.«

Was um alles in der Welt sollte das jetzt heißen? »Was? Ich muss jetzt wirklich los. Mein Koffer hatte einen roten Anhänger von meinem College ...«

»Aber genau das war das Problem. Mehrere gleich große schwarze Koffer hatten rote Anhänger. Ich bin immer wieder verblüfft, wie viel Gepäck es gibt, das genau gleich aussieht, aber die Leute tun nichts dagegen.« Er sah den Koffer neben David an und schmunzelte. »Wieso nicht einfach mal einen roten Koffer kaufen?«

David trat vor den Gepäckträger und setzte ihm einen Zeigefinger auf die Brust. »Jetzt hören Sie mal zu! Sie bringen die Sache jetzt sofort in Ordnung, damit ich wieder arbeiten kann. Ich habe ein sehr wichtiges Meeting. Wenn ich das verpasse, verlieren ich und auch die fünfzehn Leute, die in meiner Außenstelle unter mir arbeiten, unsere Lebensgrundlage. Ich kann es mir nicht leisten, mich noch länger aufhalten zu lassen!«

Der Gepäckträger sah ihn mit seinen blauen Augen voller Mitgefühl und einer Spur Wehmut an. »Ich weiß. Ihr Gepäck bremst sie aus.«

David schloss die Augen und stieß die Luft zischend durch die Zähne aus. »Mein Gepäck?« In seinem Magen rumorte es schon wieder.

Der Gepäckträger deutete hinter ihn. »Sie ziehen es überall mit sich herum und es hält Sie von so vielen Dingen ab.«

David hatte keine Ahnung, wie er diesen Typen einschätzen sollte. Er war praktisch noch ein Kind und sprach wie ein weiser Alter. Ihn zu beschimpfen, funktionierte nicht. David brauchte eine neue Taktik. Welches Argument würde ziehen, um endlich hier wegzukommen? Er holte tief Luft und drängte seinen Frust so weit zurück, wie es ging. »Ich möchte mich einfach nur um das Problem mit meinem Gepäck kümmern ...«

»Super! Genau das ist auch mein Anliegen.« Der Gepäckträger hielt David das Klemmbrett unter die Nase. »Wenn Sie bitte hier unterschreiben würden, dann hole ich es.«

David schnappte sich den ihm hingehaltenen Stift und krakelte hastig seinen Namen aufs Papier. »Muss ich vielleicht noch irgendwelche Kunststückchen machen?«

»Nein, ich bin sofort wieder da.« Der Gepäckträger zeigte auf das Sideboard. »Bitte greifen Sie zu!« Dann legte er den Koffer auf seinen Gepäckwagen und machte sich aufs Neue pfeifend auf den Weg.

David blickte zu dem leeren Sideboard. Bitte greifen Sie zu? Wovon zum Henker redete der?

Er warf einen Blick auf das Plakat mit dem winzigen Hüttensänger, der gerade seinem Käfig entkommen war. *Der Glückliche.*

KAPITEL 14

Der Staub kitzelte Michael in der Nase, als er hinter dem wuchtigen Fernseher nach der Fernbedienung angelte. Aber sie blieb unauffindbar, ein weiteres Manko dieses seltsamen Raums.

Er wollte, nein, *musste* sich davon ablenken, wie schnell die Zeit verrann.

Michael schaltete den Fernseher direkt am Gerät ein und die schwarze Röhre zeigte ein flackerndes Grau. Dann war durch schachbrettartige Störungen hindurch ein Mann zu erkennen, der so zusammengesackt in einem Sessel saß, als wäre er von der ganzen Welt gedemütigt worden. Sein Anzug hing schlaff an ihm herunter und seine Blicke huschten unter gesenkten Lidern durchs Fernsehstudio, als würde er zugleich alle und niemanden ansehen.

Ihm gegenüber saß ein bekanntes Gesicht: Dr. Gabe, mit seinen schlichten Weisheiten ein bewährter Vertrauter für Millionen von Zuschauern, Quotengarant und Goldesel für die Fernsehmanager. Er hatte ein breites wissendes Lächeln und eine gemeißelte Frisur, trug T-Shirt und Anzugjacke und seine durchdringenden Augen hinter der Halbrandbrille konnten seelischen Schmerz schon aus hundert Metern Entfernung ausmachen.

Dr. Gabe hatte sich entspannt zurückgelehnt, die Brille vorn auf der Nasenspitze wie ein alter Schuldirektor. Er rieb sich das Kinn und musterte das Wrack von einem Mann, das ihm gegenübersaß.

Michael biss von seinem Sandwich ab. Der salzige Schinken und das Aroma der Tomatenscheiben entzündeten ein Geschmacksfeuerwerk auf seiner Zunge. Über den Raumausstatter konnte man sagen, was man wollte, aber der Caterer verstand sein Handwerk!

Dr. Gabe tippte sich mit dem Zeigefinger an die Oberlippe, eine Geste, die seinem Publikum signalisierte, dass die Antworten auf die ganz großen Fragen unmittelbar bevorstanden. »Sie haben also Angst davor, etwas aus Ihrem Leben zu machen, weil Sie schon jetzt davon ausgehen zu scheitern.«

Der Kopf des Mannes ging mit einem Ruck nach oben und er starrte in die Kameras wie ein Reh ins Scheinwerferlicht. »Das habe ich nicht gesagt.«

Dr. Gabe nahm die Brille ab und deutete damit auf seinen Patienten. »Aber das schreit mir Ihre Körpersprache entgegen.«

Michael wurde sich plötzlich seiner eigenen Haltung gewahr und setzte sich auf dem Sofa gerader hin.

»Und sie widerspricht allem, was Sie bisher in Worte gefasst haben. Darf ich Ihnen einen Rat geben?« Eine rhetorische Frage.

Der Mann nickte ergeben hinter seiner Mauer aus verschränkten Armen.

»Sie *werden* scheitern.«

Die Arme des Mannes sackten herab; die Zuschauer warteten sichtlich gespannt darauf, wie es nach dieser Ansage weitergehen würde.

Nach der Kunstpause fuhr Dr. Gabe fort: »Das ist eine selbsterfüllende Prophezeiung, die zu wiederholen Sie verdammt sind.«

Einige nickten zustimmend und Applaus plätscherte durch die Reihen.

Dr. Gabe legte den Kopf schief und schnitt ein neues Thema an: »Womit bestreiten Sie Ihr Leben?«

Der Mann murmelte die Antwort in seinen nicht vorhandenen Bart: »Ich bin Verkäufer.«

Den Fernseher im Blick behaltend, schlenderte Michael zum Kühlschrank, um sich doch noch ein weiteres Sandwich zu holen.

Dr. Gabe tippte sich wieder mit dem Zeigefinger an die Lippe.

»Nein, das ist Ihr Beruf. Ich wollte wissen, womit Sie Ihr Leben bestreiten.«

Der Mann sah verwirrt ins Publikum, dann in die Kamera, wo sein fragender Blick auf den von Michael zu treffen schien. »Was meinen Sie?«

»Was Sie da jeden Tag tun ... erfüllt es Sie?«

Der Mann zuckte kraftlos mit den Schultern. »Nicht im Geringsten. Ich hasse es.«

Dr. Gabe beugte sich vor. »Warum machen Sie dann damit weiter?«

»Ja, warum?«, fragte Michael in den Raum und setzte sich mit Sandwich Nummer 3 wieder aufs Sofa.

Dr. Gabe deutete in einer anschuldigenden Geste mit der Brille auf seinen Patienten. »Sie fühlen sich elend und trotzdem führen Sie das fort, was Ihnen dieses Gefühl gibt. Finden Sie das stimmig?«

Mit Tränen in den Augen schüttelte der Mann langsam den Kopf.

»Was wollen Sie aus Ihrem Leben machen?«

»Ich will Künstler werden.« Michael hatte aus Reflex geantwortet. *Unterhältst du dich jetzt ernsthaft mit dem Fernseher?*, schalt er sich selbst.

Dr. Gabe setzte sein Verhör fort. »Wie alt sind Sie?«

Der Mann wischte sich mit der Hand über die Augen und starrte auf seine Schuhe. »Siebenunddreißig.«

Michaels Kauen verlangsamte sich, als sich seine Zukunft vor seinen Augen materialisierte. *Das könnte ich sein, in zwanzig Jahren.* Der Gedanke fuhr ihm wie ein Splitter unter die Haut und machte die Versuchung groß, sich in seine kleine heile Welt zurückzuziehen – seinen Glücksort aus Bildern auf Zeichenpapier. Er ging in Gedanken seine Mappe durch und wie sonst auch half ihm das, sich zu beruhigen. Er dachte an sein Selbstporträt, die Zeichnungen von seiner Mutter und seinem Kunstlehrer, an das Naturbild, das im Garten entstanden war, die Hände seiner

Mutter, die Porträts von seiner Freundin, von Jack Nicholson, ein weiteres von seiner Mutter ...

Dr. Gabe ließ sein Gegenüber nicht vom Haken. »Sie sagen, Sie haben bereits mehrere Chancen verstreichen lassen, sich als Komponist zu versuchen, obwohl Musik ihre Leidenschaft ist. Und Sie haben nicht etwa deshalb darauf verzichtet, weil Sie schlecht darin sind, sondern weil man Ihnen Ihr ganzes Leben lang gesagt hat, dass es keine gute Berufswahl ist.«

Die Augen des Mannes füllten sich erneut mit Tränen. Hätte Michael eine Fernbedienung gehabt, hätte er sofort umgeschaltet.

Dr. Gabe breitete die Arme aus. »Ich habe gute Neuigkeiten für Sie. Doch vorher möchte ich Sie fragen: Was würden Sie Ihrem siebzehnjährigen Ich rückblickend gern sagen?«

Der Mann schluckte. »Ich würde sagen: Glaub an dich selbst und lass nicht zu, dass dein Vater alle Entscheidungen für dich trifft.«

Ein Stück Tomate fiel Michael aus dem Mund und landete in seinem Schoß. Das Studiopublikum reagierte mit echtem, spontanem Jubel auf das sehr wahrscheinlich hochgehaltene Applaus-Schild.

»Ich sage Ihnen etwas.« Dr. Gabe setzte seine Brille wieder auf und beugte sich vor, eine Hand an der Hüfte, das Kinn auf die andere gestützt – ein sicheres Zeichen dafür, dass die Show nun den Gipfel der Weisheit erreichen würde, bevor es abrupt in eine Werbeunterbrechung ging. »Überall in unserem Land verpassen Menschen ihr Leben, aber nicht, weil sie ihre Träume nicht verwirklichen könnten, sondern weil sie gezwungen sind, den Traum eines anderen in die Tat umzusetzen.«

Die Kamera machte eine Fahrt durchs Studio und fing hier eine betroffene Miene und dort einen gequälten Blick ein. Michael vermutete, dass er gerade ganz ähnlich guckte.

Dr. Gabe starrte eindringlich direkt in die Kamera. »Und das gilt auch für Sie.«

Michael war im stechenden Blick von Dr. Gabe gefangen.

»Meine heutige Botschaft lautet daher: Wenn sich eine Tür nicht öffnen lassen will, dann vielleicht, weil die Zukunft dahinter gar nicht Ihre ist. Aber für das, was wirklich auf Sie wartet, müssen Sie die Selbstsabotage beenden.«

Das Publikum bedankte sich wieder applaudierend und Dr. Gabe wandte den Blick von Michael ab, um seinen Patienten unbeholfen zu umarmen. Dann hakte er den Fall ab und wandte sich seinen treuen Zuschauern zu: »Nach einer kleinen Pause sind wir wieder da, um mit Jenny zu sprechen, die glaubt, in ihrer Mutterrolle versagt zu haben, weil nur drei ihrer Kinder Ärzte geworden sind. Bleiben Sie dran, wenn es heißt: ›Wieso Mama-Schuldgefühle fehl am Platz sind‹.«

Michael klaubte das Stück Tomate von seinem Bein, Dr. Gabes Worte noch im Ohr.

Seine Zeichnungen waren gut. Vielleicht hatten seine Kunstlehrer doch recht. Er *hatte* Talent. Michael ließ einen Hauch von Erfolgsgefühlen und Stolz zu.

Im Fernseher starrten zwei Footballspieler finster in Michaels Richtung und wandten sich dann einander zu. Sie sahen einander grimmig an und wurden plötzlich von einem explodierenden Stempel ausgelöscht, der verkündete, die Tigers würden die Rams an diesem Wochenende vom Platz fegen. Die Werbung für das nächste Footballspiel erinnerte Michael wieder an seinen Vater und das zarte Vertrauen in seine künstlerischen Fähigkeiten verpuffte sofort wieder.

Schnell kehrte er an seinen gedanklichen Fluchtort zurück, doch jetzt kamen ihm seine Zeichnungen langweilig vor, farblos. Die Bleistiftstriche schienen zögerlich und unscharf, die Posen ausdruckslos und wenig individuell.

Er sah sie nun mit anderen Augen.

Kritischer.

Ohne einen Wert in der Kunst zu sehen, den Bleistiftstrich, das Detail, das er stundenlang herausgearbeitet hatte, die Emotion, die er hatte einfangen wollen.

Augen, die seinem Vater gehörten.
Vielleicht hatte Dad doch recht.

KAPITEL 15

David lief im Warteraum auf und ab wie ein unschuldig zum Tode Verurteilter, der auf eine Begnadigung im letzten Augenblick hoffte. Wofür brauchte dieser Typ denn nun wieder so lange? Er hatte weitere fünfzehn Minuten verloren und der Countdown zu seiner Präsentation lief ab.

Wenn etwas richtig gemacht werden soll, musst du es selbst machen.

Erneut riss er die Tür auf und trat in den weißen Korridor, der sich in beide Richtungen unendlich fortzusetzen schien.

»Hallo?« Wieder war seine Stimme das Einzige, was er hörte.

Er knirschte mit den Zähnen. »Hallo!?«, rief er so laut er konnte. Nichts.

Das ist doch unfassbar!

David ging zur nächstbesten Tür und rüttelte an dem schwarzen Türknauf, der sich aber nicht bewegte. Verschlossen. Er schüttelte den Kopf und ging zur nächsten Tür. Auch dieser Knauf weigerte sich standhaft, ihm Zutritt zu gewähren.

David arbeitete sich den Korridor entlang, Knauf für Knauf. Seine Verärgerung stieg mit jeder Tür, die sich nicht öffnen ließ, noch weiter an. Er wechselte die Seite und startete einen letzten Versuch. Auch verschlossen. Mit einem frustrierten Knurren zog er die Hand zurück. Er drehte sich um und sah in die Richtung, aus der er gekommen war. Der Anblick des unbegrenzten Weiß und der gleichförmigen Türen ließ ihn fast verzweifeln. Das Herz pochte ihm bis in die Ohren. *Keine Chance, ich muss zurück, aber durch welche Tür bin ich gekommen?*

Sein Atem ging immer schneller; das Gefühl in seinem Bauch war milde gesagt unangenehm. David suchte in der Hosentasche nach den Magentabletten und fand eine letzte, die er sofort schluckte.

Er stand völlig neben sich. An wie vielen Türen hatte er es versucht? Vier? Sechs? Zwanzig? Angesichts des Korridors hätten es auch hundert sein können.

David schloss die Augen. Die Panik machte ihn ganz benommen.

Ganz ruhig. Du musst nur zurückgehen und alle Türen durchprobieren, bis du die offene findest.

Er sah den langen Korridor hinunter. Sein Verstand versuchte vergebens, sich einen Reim darauf zu machen.

David lief zurück und zählte die Türen. Die hier musste es sein, das fühlte er. Er drehte zuversichtlich am Türknauf, machte einen Schritt vor und rechnete fest damit, ins Wartezimmer zu treten. Doch die Tür bewegte sich keinen Zentimeter.

Verlier jetzt nicht die Nerven!

Er versuchte es an der nächsten Tür, an der dritten und vierten.

»Hallo?«, schrie er. »Ist hier denn niemand?«

Niemand ... niemand ...

Nach dem Echo trat vollkommene Stille ein. David wurde schwindelig. Der Korridor fing an sich zu drehen.

»Was ist hier los?!«

Hier los ... hier los ...

Sein Magen befand sich inzwischen in einem Stadium jenseits von Gut und Böse. Mit den Fäusten trommelte David gegen die Tür, vor der er gerade stand, dann sank er auf die Knie und schrie aus Leibeskräften, ein Brüllen aus tiefstem Inneren. Es hallte weit in den Korridor hinein und ging ihm selbst durch Mark und Bein.

Ich muss doch zurück!

David schloss die Augen und versuchte sich seine Familie auf dem Schiff vorzustellen. Sein Atem verlangsamte sich und das

Hämmern in den Schläfen ließ etwas nach, als Caitlins Lachen die beängstigende Stille überlagerte, die sofort wieder eingekehrt war.

Langsam erlangte David wieder die Kontrolle über sich und stand auf. Dann atmete er tief durch und legte eine Hand an den nächsten Türknauf. Die Tür sprang mit einem leisen Klicken auf und David stürzte in den Warteraum; nun war er schon fast froh, ihn wiederzusehen. Er schlug die Tür hinter sich zu und setzte sich auf die vorderste Kante des Sofas. Seine linke Hand zuckte immer wieder. Aus Gewohnheit griff er nach seinem Smartphone. Was hatte er zehn Minuten lang da draußen gemacht? Vergeblich versuchte er, sich durch kontrolliertes Atmen weiter zu beruhigen. Er sprang auf, lief auf und ab und hoffte, so gegen die Angst anzukommen, die ihn gepackt hatte.

Im Raum hatte sich etwas verändert. Auf dem glänzend weißen Sideboard an der Wand standen eine dampfende silberfarbene Kaffeemaschine und eine Schale mit Obst, daneben lag eine Zeitung. Ein handgeschriebenes Schild forderte dazu auf zuzugreifen.

Aber immer noch kein Koffer. Wieso brachten sie ihm Kaffee, aber nicht sein Gepäck?

Der verführerische Duft stieg ihm in die Nase und lockte ihn, die Anspannung mit schwarzer Medizin zu behandeln. David ging am Obst vorbei direkt zur Kaffeemaschine und drückte die Taste für einen dreifachen Espresso. Während die Maschine spuckend und sirrend ihre Arbeit aufnahm, wanderte Davids Blick zu der gefalteten Zeitung. SCHEIDUNGSRATEN IM HÖHENFLUG, schrie ihm die Schlagzeile entgegen.

Kein Wunder, dachte er und spürte, wie die Wut zurückkehrte. Er drehte die Zeitung um und las die nächste Schlagzeile: WISSENSCHAFTLER FINDEN HERAUS: GROLL ZU HEGEN, KANN EINEN UMBRINGEN.

David nahm die winzige Tasse. Wo blieb dieser Gepäcktyp? Hilflosigkeit gesellte sich zu seiner Wut. Er sah zur Tür und dachte kurz daran, noch einmal rauszugehen. *Auf keinen Fall.*

Der Lockruf der Schlagzeilen tat seine Wirkung. David schnappte sich die Zeitung. Die Titelseite war schonungslos. Die Scheidungsraten waren auf einem Höchststand und Psychologen führten das auf die Wirtschaftslage, die stressige Arbeitswelt und die moderne Gesellschaft zurück. David schnaubte. *Und wie viele Scheidungen gibt es wohl, weil die Frau ihren Mann betrogen hat?*

Ein Kirchenvertreter beklagte die wachsende Zahl zerbrochener Familien und legte den Paaren nahe, doch wegen der Kinder zusammenzubleiben.

Das nächste unwillkommene Gefühl tauchte im Wildwasser seiner Emotionen auf: der erste Anflug von Schuldgefühlen, als er Caitlin nach einem weiteren Schreiduell mit Sharon mit ihren liebsten Disneyfiguren unterm Bett vorgefunden hatte. Er hatte versucht, seine Tochter aus allem herauszuhalten, aber er wollte lieber nicht darüber nachdenken, wie sehr sie gelitten haben musste, seit er vor einem halben Jahr das Foto auf Sharons Handy gefunden hatte.

Schnell drehte er die Zeitung um und las den anderen Artikel. Eine universitäre Studie hatte gezeigt, dass Menschen, die an ihrer Wut und Bitterkeit festhielten, körperlichen Schaden davontrugen. Ärger und Unversöhnlichkeit beeinflussten den Transport von Stoffen im Körper, störten die Gehirnwellen und führten sogar zu erhöhtem Krankheitsrisiko und der Unfähigkeit, klar zu denken und zu handeln.

Auf einem Foto stand ein Professor vor dem Universitätsgebäude aus Sandstein. »Die Studie zeigt: Menschen, die nicht vergeben, bestrafen sich selbst, nicht nur mental und emotional, sondern auch körperlich.«

Heute kann man auch wirklich alles irgendwie belegen.

Die nächste Zeile las sich wie eine ärztliche Diagnose: »Menschen, die ihren Ärger nicht loslassen können, leiden oft unter Herzklopfen, Kopfschmerzen und Verdauungsproblemen.«

David warf die Zeitung auf den Boden. Das war nichts als das neuste Psychogewäsch, um die Bedeutung der Hochschulen im einundzwanzigsten Jahrhundert zu untermauern. Aber sein Magen war anderer Meinung. Er zwickte und David griff instinktiv zu dem Aluminiumschächtelchen mit den Tabletten, bevor ihm wieder einfiel, dass es leer war.

Er ließ sich den letzten Absatz noch einmal durch den Kopf gehen. Die Magenbeschwerden waren doch ein Zeichen für Stress?! Er kämpfte seit Monaten um seinen Job, davon hatte er also mehr als genug. David ging noch weiter in seiner Erinnerung zurück und wurde tatsächlich fündig. Ein quälender Gedanke setzte sich in seinem Hinterkopf fest, einer, den er weder einordnen noch verdrängen konnte. Er war wie eine Laus im Pelz seines Gewissens: winzig und mikroskopisch klein, aber zugleich nicht zu ignorieren. David wälzte ihn hin und her und untersuchte ihn auf ein Körnchen Wahrheit. War da etwas dran?

Die Tür zum Warteraum ging auf.

KAPITEL 16

Das Ledersofa beschwerte sich über Gillians Herumgerutsche. Zwanzig Minuten waren vergangen. Sie erschauderte bei dem Gedanken daran, was das für Beckys minutiösen Tagesplan bedeutete und welche Konsequenzen sie noch hautnah miterleben würde.

Ihr Magen knurrte. Das magere Frühstück im Flieger lag schon wieder so weit zurück. Sehnsüchtig betrachtete sie das Obst auf dem Beistelltisch. Die Äpfel glänzten wächsern und das Gelb der Bananen leuchtete richtig. So tadellose und verlockende Früchte hatte sie noch nie gesehen. *Also, der Gepäckträger hat ja gesagt, ich darf mir davon nehmen.*

Sie griff nach den Weintrauben, riss eine ab und entdeckte schnell ihr Geheimnis. Auch sie glänzte, aber an ihrer Seite bemerkte Gillian eine Linie, wie eine Nahtstelle. Ihre Finger befühlten glattes Plastik. Sie presste die Luft aus der kleinen Frucht und griff nach der nächsten. Auch Plastik. Gillian ließ einen Apfel auf den Beistelltisch fallen und hörte den hohlen Aufschlag, bevor er fast geräuschlos weiter auf den Teppich plumpste und dort zum Liegen kam. Ein verräterisches Löchlein auf der Unterseite offenbarte seine maschinelle Herstellung.

Gillian schnippte gegen den Dekanter und hörte auch hier das trockene Knacken von Plastik. Sie nahm den Stopfen heraus und roch nicht den vollmundigen Duft von Rotwein, sondern von einfachem Traubensaft. Obwohl sie das Ergebnis schon erahnte, ließ Gillian zum Schluss auch noch die Ballongläser aneinanderstoßen. Kein Klirren. Plastik. Nichts auf diesem Tisch war echt.

Sie goss den Traubensaft in das Plastikglas und lachte in sich hinein. Das hier war wirklich eine Billig-Airline!

Das Leder knirschte erneut, als sie sich wieder aufs Sofa sinken ließ, und ihr Blick fiel auf ihr Spiegelbild im Wandspiegel. Schnell duckte sie sich weg und sah stattdessen zum Fernseher, auf dessen Bildschirm immer noch die Soap lief. Sie nahm die Fernbedienung und stellte die Lautstärke hoch.

»Aber, Ranch, ich kann nicht mit dir zusammen sein, wenn ich doch deinen Zwillingsbruder liebe!« Die Brünette mit dem wogenden Busen lief an ihrem Filmpartner vorbei auf die Kamera zu und starrte über Gillians Schulter in die Ferne.

Ranch stellte sich hinter die Brünette und legte die Hände auf ihre nackten Schultern. Kitschige Klaviermusik erklang im Hintergrund.

»Kourtnay, meine Liebste, mein Ein und Alles. Ich bin nicht Ranch und auch nicht sein Bruder French.«

Streicher gesellten sich zum Klavier und ließen die musikalische Untermalung anschwellen. Gillian fühlte sich in den künstlich erzeugten Schmerz hineingezogen.

»Ich bin ihr lang vermisster Drilling, Caesar.« Die Musik vollführte ein Crescendo und ein letzter, düsterer Klavierakkord blieb stehen, während der Bildschirm langsam schwarz wurde. Gillian zuckte zusammen, als ihre Sinne plötzlich von blinkenden Bildern und dröhnenden Beats angegriffen wurden. »Diese Woche in der *Perfect Woman:* Hatte Taylor Swift endlich einen Bad Hair Day? Wir haben die Fotos!« Der aufgesetzte Tonfall der Kommentatorin ging Gillian sofort auf die Nerven. Ein unvorteilhaftes Bild der Popqueen, die bei windigem Wetter aus einem Flugzeug stieg, wurde auf den Bildschirm geklatscht.

Gillian glättete reflexartig ihre eigenen Haare. *Das ist echt unfair.*

»Zehn Tipps, wie du 24/7 fantastisch aussiehst!« Eine Frau wälzte sich im Bett herum, offenbarte ein tadelloses Lippenstiftlächeln und streckte auf wenig authentische Weise den Daumen hoch. »Stylisten der Stars verraten ihre Tricks, wie auch du sagenhaft aussehen kannst, egal zu welcher Uhrzeit!«

Gillian schüttelte den Kopf. Niemand mit Kindern sah so aus. Oder?

»Wir machen den Traum jeder Frau wahr, indem wir Make-up-Geheimnisse verraten, die dich zum Blickfang jedes Mannes machen!«

Gillian trank ihren Saft und zermarterte sich das Hirn nach auch nur *einer* Frau in ihrem Bekanntenkreis, die davon träumte. Ohne Ergebnis.

»Hol dir die *Perfect Woman!* Jetzt im Handel!«

Als Nächstes zeigte das Fernsehbild verstreutes Popcorn auf einem gepflegten Teppich.

Das sieht schon eher nach der Realität aus.

Drei Jungs in sauberen Jeans, weißen T-Shirts und mit blonden, unnatürlich perfekten Wuschelköpfen hüpften im Wohnzimmer auf dem Sofa herum. Ihre Mutter rauschte herein, die Frisur tadellos, das Make-up tipptopp. »Jungs!« Mit gespielt tadelndem Blick holte sie ein Blech mit dampfenden Muffins hinter dem Rücken hervor. »Wer ist die beste Mutter auf der ganzen Welt?«

»Du!«, kreischten die Jungs, rannten zu ihr, schnappten sich jeder einen Muffin von der Größe eines Kleinwagens, umarmten sie stürmisch und flitzten zum Küchentisch.

Die Mutter seufzte triumphierend – wieder einmal alles richtig gemacht – und eine tiefe, männliche Stimme kommentierte die häusliche Idylle: »Sweet Dreams Muffins. Wollen auch Sie die beste Mutter auf der ganzen Welt werden?«

Die Frau drehte sich zur Kamera und lächelte breit.

»Wollen Sie, Gillian?«, fügte der Kommentator hinzu und die Mutter zwinkerte ihr zu.

Das Plastikglas glitt aus Gillians Händen und leerte sich auf den Teppich. Sie starrte auf den Fernseher. *Was?*

Die Brünette mit dem wogenden Busen war zurück und

machte auf dem Absatz kehrt. »Caesar? Aber Ranch hat gesagt, der Rest seiner Familie sei bei einem Flugzeugabsturz ums Leben gekommen! Und so sei er an das Erbe gekommen, um die Schule für Bikinimodels zu gründen.«

Ein leises Pfeifen drang durch die Tür, ein Lied, das Gillian irgendwie bekannt vorkam. Die Tür ging auf und der Gepäckträger schlenderte herein. Er schob einen Gepäckwagen mit einem Koffer. Gillian erkannte sofort das Logo ihres Reisebüros auf dem roten Adressanhänger und seufzte erleichtert. Der Gepäckträger drehte den Wagen um, nahm den Koffer herunter und stellte ihn vor sie hin.

»Vielen Dank, dass Sie mein Gepäck gefunden haben.« Gillian streckte die Hand nach dem Koffer aus.

»Sehr gern, Ma'am.« Der Gepäckträger tippte sich an die Kappe und trat beiseite.

Gillian umfasste den Griff, aber der Koffer bewegte sich nicht. Er schien am Boden festzukleben; sie konnte ihn nicht einen Zentimeter anheben.

Verwirrt ließ sie los und ging einen Schritt zurück. »Sind Sie sicher, dass das mein Gepäck ist?«

»Natürlich. Sehen Sie auf dem Anhänger nach.«

Gillian hockte sich hin und las ihren Namen und ihre Adresse in ihrer Handschrift auf den Anhängern des Reisebüros.

»Und hier an der Seite ist der Aufkleber mit Strichcode.«

Gillian sah nach. Wieder ihr Name. Das hier war definitiv ihr Koffer.

Sie betrachtete ihn genau. Dann versuchte sie ihn noch einmal hochzuheben, aber keine Chance. Er musste eine Tonne wiegen; sie konnte ihn unmöglich vom Fleck bekommen. Gillian verschränkte die Arme. »Was haben Sie mit meinem Koffer gemacht? Da hat doch jemand etwas reingetan!«

Der Gepäckträger sah sie mit seinen blauen Augen voller Mitgefühl und einer Spur Wehmut an. »Da liegen Sie richtig. Wieso machen Sie ihn nicht auf und schauen hinein?«

KAPITEL 17

Gillian ging langsam um ihren Koffer herum. Sie schnipste gegen die Anhänger und trat einen Schritt zurück. »Ich mache den nicht auf!«, sagte sie.

Der Gepäckträger sah auf sein Klemmbrett. »Nun, ich kann ihn nicht öffnen. Das können nur Sie.«

Gillian schüttelte den Kopf. Sie konnte hier nicht weiter herumstehen und diskutieren, während Becky draußen wartete, also versuchte sie, den Koffer hinzulegen. Aber sein Gewicht schien ihn praktisch in einen Zementblock verwandelt zu haben. Sie gab ihm einen Schubs und er kippte bis zur Kante, kehrte dann aber wieder zurück in seine Ausgangsposition. Sie stieß noch einmal mit mehr Kraft und da kippte er mit einem lauten *Rums* um. Gillian bildete sich ein, dass sogar kurz der Boden gebebt hatte.

Der Gepäckträger strahlte von einem Ohr zum anderen.

Gillian ließ das Schloss aufschnappen und zog langsam am Reißverschluss, während sie sich einen Reim auf die Sache zu machen versuchte. Es musste definitiv jemand an ihrem Koffer gewesen sein. Wer tat so was? Wenn es etwas Illegales oder Gefährliches wäre, würde der junge Mann bestimmt nicht so gelassen sein, oder? Dann hätte es schon am Flughafen bemerkt werden müssen. Als sie den Koffer aufgegeben hatte, war er noch einigermaßen mühelos zu heben gewesen.

Oder hatte Rick Gelegenheit gehabt, noch etwas hineinzutun? Vielleicht eine Überraschung, die ihr helfen sollte, Hurrikan Becky zu überleben?

Vorsichtig hob sie eine Ecke des Deckels und spähte ins Dunkel. Sie sah etwas Aquafarbenes aufblitzen – ihr Cocktailkleid, von dem Rick unbedingt wollte, dass sie es zur Hochzeit trug, war noch da. *Glück gehabt!*

Vorsichtig klappte sie den Deckel weiter auf und sah ihr Schminkköfferchen unter ihrem marineblauen Schal. Der Koffer sah genauso aus, wie sie ihn gepackt hatte.

Bis auf eine Sache.

Oben auf ihren Kleidern lag ein Gegenstand, den sie noch nie gesehen hatte: ein handgefertigter, wunderschön verzierter silberner Handspiegel.

Und der macht meinen Koffer so schwer?

Gillian zeigte darauf. »Äh, wem gehört der?«

Der Gepäckträger beugte sich vor und warf einen Blick in den Koffer. »Sie haben geprüft, dass es sich wirklich um Ihr Gepäck handelt?«

»Ja, natürlich.«

»Und Sie haben es selbst gepackt?«

»Habe ich. Sie klingen ja wie die Flughafen-Security.«

»Dann muss es Ihrer sein.«

Gillian gestikulierte mit den Händen. »Aber ich habe diesen Spiegel nicht mitgenommen! Ich habe ihn noch nie zuvor gesehen.«

Der Gepäckträger legte das Klemmbrett auf das Sideboard und schob die Hände in die Hosentaschen. »Gillian, Sie nehmen ihn überall mit hin. Schauen Sie doch einmal näher hin.«

Gillian gab dem Spiegel einen kleinen Stups. Nichts geschah, aber was hatte sie auch erwartet? Dass er hochflog und in der Luft schwebte? Ihre Fingerspitzen fuhren über das Relief einer schönen Frau mit fließendem Haar und Blumenkrone, die einer griechischen Göttin glich. Sie war umgeben von fliegenden Bändern und Blumenbouquets. Die Bänder umrahmten den Spiegel und schlängelten sich am Griff hinunter, wo sie sich trafen, überkreuzten und um eine winzige Gravur legten. Zwei Wörter in verschnörkelter Schrift waren mit geübter Hand in die Oberfläche gekratzt worden.

Gillian beugte sich über ihren Koffer und rückte die Brille zurecht. Die beiden Worte wurden scharf. Es war ein Name.

Ihr Name.

Sie sah den Gepäckträger mit offenem Mund an. »Aber ich habe ihn wirklich noch nie gesehen. Ob mein Mann den für mich gekauft hat?«

Der Gepäckträger sah sie mit seinen blauen Augen voller Mitgefühl und einer Spur Wehmut an. »Nein. Er versucht Sie davon abzuhalten, ihn jeden Tag zu benutzen, aber es gelingt ihm nicht.«

»Was meinen Sie damit? Verstehen Sie nicht? Das ist nicht meiner.« Sie nahm den Spiegel vorsichtig am Griff aus dem Koffer. Er war federleicht. Alles andere hätte sie auch gewundert. Gillian legte ihn auf die Couch und wollte sich gerade wieder über den Koffer beugen, um weiter nach der Ursache für das zusätzliche Gewicht zu fahnden, als der Gepäckträger sagte: »Schauen Sie mal hinein. Drehen Sie ihn um.«

Gillian folgte der Aufforderung und bereute es sofort. Mit den dunklen Augenringen und den in alle Richtungen abstehenden Haaren sah sie mehr als erschöpft aus, ganz zu schweigen vom Zustand ihrer Bluse. Sie warf den Spiegel zurück in den Koffer, aber er landete nicht auf dem Cocktailkleid, sondern kam auf einer Handvoll Fotos zum Liegen, die sie noch gar nicht bemerkt hatte.

»Die habe ich auch nicht hier reingelegt!« Sie nahm das erste Bild und stockte. Ein Haus. *Ihr* Haus. Durch mannshohes Unkraut hindurch sah sie, wie es verfiel; die Farbe blätterte ab und die Fensterläden waren kurz davor herunterzufallen. Auf der Veranda lag ungeöffnete Werbepost herum. Winzige grüne Rasenflecken kämpften verloren gegen ein Meer aus Braun.

Gillian sah den Gepäckträger mit großen Augen fragend an. Er nickte in Richtung Koffer.

Sie nahm das nächste Foto in die Hand. Das Wohnzimmer in

ihrem Haus lag voller Spielzeug, Trikots und Socken. Auf dem fleckigen Teppich purzelten Kissen herum; verschmierte Fingerabdrücke verschandelten den Fernseher. Schlammige Fußspuren führten geradewegs durch den Raum. Entsetzt griff Gillian nach dem Bild, das darunter gelegen hatte. Ihre Frauengruppe aus der Kirche saß in *CJ's Café* an ihrem Stammtisch, aber alle starrten verdrießlich vor sich hin. Die Langeweile stand ihnen ins Gesicht geschrieben.

Bei welchem Treffen waren wir alle so schlecht drauf? Habe ich das verpasst?

Aber da entdeckte sie sich selbst, in einer Ecke. Sie saß mürrisch am Tisch. Allein.

Gillian rang um Worte. »Was ...?«

Der Gepäckträger nickte erneut in Richtung Koffer. »Da ist noch eins.«

Gillian nahm das letzte Foto. Es war ein traditionelles Familienporträt. Und wie die anderen ein Bild, auf das der Fotograf keineswegs stolz sein konnte. Ein schielender Tyson streckte die Zunge heraus; James boxte Alex in den Bauch, während sein Zwilling ihn im Schwitzkasten hatte. Gillian stand hinter ihren Söhnen, strafte sie mit Blicken und hatte den mahnenden Zeigefinger erhoben. Und Rick, dem man die Enttäuschung sofort ansah, hatte sich abgewandt, als wolle er am liebsten aus dem Foto verschwinden.

Mit zitternden Fingern hielt Gillian dem Gepäckträger das Foto hin. »Was hat das zu bedeuten?«, raunte sie mit brüchiger Stimme.

Der Gepäckträger seufzte. Mitgefühl stand in seinem Blick. »Das ist dein Leben, Gillian.«

»Wann wurden diese Fotos gemacht?«

»Gestern. Vorgestern. Jeden Tag. Das sind die Bilder, die du jeden Tag mit dir herumschleppst.«

»Wer würde denn solche Fotos machen?«

»Das ist eine sehr gute Frage.«

Gillian kämpfte gegen die Tränen an. »Wieso wirkt unser Haus derartig heruntergekommen? Warum sieht mein Mann aus, als würde er uns am liebsten verlassen? Und aus welchem Grund sind alle in meiner Frauengruppe so mies drauf?« Sie schob sich die Brille auf die Stirn, um sich die Augen zu reiben.

»Sind sie nicht.« Der Gepäckträger kniete sich neben sie. »Du siehst sie nur so. Schau noch einmal hin.«

Gillian betrachtete das Foto in ihrer Hand. Jetzt lächelten alle, ihre Jungs hatten einander die Arme um die Schultern gelegt und das Gerangel eingestellt und Rick umfasste Gillians Taille, ein stolzer Vater, der seine Familie beschützte.

Gillians Herz setzte für einen Schlag aus. Sie taumelte zum Sofa und ließ sich wieder daraufplumpsen. Dabei rutschte ihr die Brille zurück auf die Nase. Noch einmal sah sie auf das Foto. Ihre Familie war wieder am Streiten und Kämpfen und Ricks Blick ging in Richtung Tür.

KAPITEL 18

»Da da da, da da daah.«

David kam nicht darauf, welche Melodie es war, die da durch die Tür drang. Er kannte sie, konnte sie aber nicht zuordnen. Gehört hatte er sie auf jeden Fall schon. Hunderte Male.

»Da da da, da da daah«, sang der Gepäckträger weiter vor sich hin, als er den Warteraum betrat.

Davids Blick schnellte sofort zu dem schwarzen Koffer, den der junge Mann auf einem Wägelchen hinter sich herzog. Dieses Mal war es das richtige Rot: sein ehemaliger Unianhänger mit dem Logo der unvergleichlichen Rams.

»Na endlich!« David stand auf. Die Trödelei dieses Typen hatte ihn über eine Stunde seiner Galgenfrist gekostet. »Sie hören von meinem Anwalt.«

Der Gepäckträger zuckte die Achseln, drehte den Wagen und stellte das Gepäckstück vor David ab. Dann tippte er sich an seine Kappe, stand da und schwieg.

»Wollen Sie mir vielleicht helfen, hier rauszukommen?«, blaffte David.

»Liebend gern.« Der Gepäckträger trat beiseite und wies auf die Tür. »Nach Ihnen.«

David lief voran, packte seinen Koffer am Griff – und kugelte sich fast die Schulter aus. Er rieb sich die schmerzende Stelle und sah erst ungläubig auf den Koffer, dann zum Gepäckträger. Noch einmal umfasste er den Griff und versuchte, den Koffer hochzukriegen, aber es gelang ihm nicht.

»Was soll das? Was haben Sie mit meinem Koffer gemacht?«

Der Gepäckträger sah auf sein Klemmbrett. »Nichts. Vielleicht überprüfen Sie noch einmal den Anhänger.«

»Ich weiß, dass das hier mein Koffer ist! Das ist mein Anhänger! Sagen Sie mir die Wahrheit: Warum hat sich das Gewicht plötzlich verzehnfacht?«

Der Gepäckträger zuckte die Achseln. »Sie haben doch gesehen, wie ich den Koffer ohne Probleme vom Wagen gehoben habe. Und abgeschlossen ist er auch.«

David versuchte es ein drittes Mal, wieder ohne Erfolg. Da dämmerte ihm der Grund für diesen Albtraum einer Geschäftsreise. Es war die einzig logische Erklärung. Kein Wagen am Flughafen. Die Fahrt mit dem Taxi, das jeder Sauna Konkurrenz gemacht hätte. Ein fremder Koffer. Und jetzt das.

Er lachte kurz auf. Jetzt hatte er kapiert, was hier lief.

»Okay, es reicht! Wo ist die versteckte Kamera?« Er sah in die Ecken des Zimmers, suchte mit seinem Blick die Decke ab. Vielleicht in der Obstschale? »Gratuliere, ich bin voll drauf reingefallen!« Er verbeugte sich vor der Schale. »Wer auch immer sich diesen Streich ausgedacht hat, ihr könnt jetzt rauskommen. Julian? Das warst doch du!«

Es war die einzige Möglichkeit, die Sinn ergab.

Aber der Gepäckträger verzog keine Miene. »Wovon sprechen Sie, David?«

»Na ja, es ist doch offensichtlich, dass es sich um einen Scherz handelt. Ich komme für ein Meeting hierhergeflogen, aber dann gibt es eine Verwechslung beim Gepäck. Es wartet kein Fahrer auf mich. In der Zentrale werde ich behandelt wie ein Aussätziger. Dann lande ich in einer seltsamen Lagerhalle irgendwo im Nirgendwo und muss eine geschlagene Stunde im Warteraum rumsitzen. Ich versuche im Korridor irgendjemanden zu finden, aber es ist, als wäre ich irgendwo in der Matrix gefangen. Und dann, als Sie mir den Koffer endlich bringen, kann ich ihn nicht von der Stelle bewegen.« David beugte sich vor. »Aber Sie waren wirklich beeindruckend«, raunte er. »Verhalten sich mysteriös, reden wie ein Karatemeister und tauchen sowohl am Flughafen als auch hier auf. Bravo!«

Der Gepäckträger sah David mit stechend blauen Augen an; der Blick schien sich bis in seine Seele zu bohren. »Hier gibt es keine Kamera.«

»Ach ja, und was steckt dann hinter alldem?«

»Warum glauben Sie, Sie könnten Ihr Gepäck nicht tragen?«

David warf die Hände in die Luft. »Hören Sie auf, andauernd Gepäck zu sagen! Das ist ein *Koffer!* Ja, wieso kann ich ihn nicht hochheben? Beim Einchecken am Flughafen war er jedenfalls nicht so schwer.«

»Ich glaube, dass Sie Ihr Gepäck schon immer zu schwer fanden. Und deswegen drückt es Sie nieder.«

»Hören Sie bitte auf, so zu tun, als wären Sie Konfuzius oder irgend so ein Meme! Was haben Sie in den Koffer getan?«

Der Gepäckträger sprach fast in Flüsterlaustärke, ein Kontrapunkt zu Davids kochendem Ärger. »Wieso fragen Sie mich? Sie sind doch ein Mann der Tat. Wieso schauen Sie nicht selbst nach?«

David trat zurück und verschränkte die Arme. »Nein. Wenn ich ihn öffne, dann explodiert mir irgendwas ins Gesicht oder so. Ich vertraue Ihnen kein Stück. Machen Sie ihn auf.«

Aber der Gepäckträger setzte sich seelenruhig aufs Sofa und überkreuzte die Beine. »Ich kann nicht. Und übrigens bin ich auch nicht derjenige, der in Eile ist. Es ist Ihr Gepäck.«

»Also schön, von mir aus. Hauptsache, ich komme hier endlich raus.« David tippte den Koffer mit der Fußspitze an, aber er blieb standfest. Unbeweglich. Er gab ihm einen Schubs, aber der Koffer kippelte nur kurz und kam wieder zum Stehen. Erst als er ihm einen kräftigen Stoß versetzte, kippte er mit einem *Rums* um.

David drehte das Schloss auf die richtige Zahlenkombination. Dann zog er am Reißverschluss, den Blick auf den Gepäckträger gerichtet. »Dann wollen wir doch mal sehen, was hier drin ist.« Vorsichtig hob er den Deckel an und atmete erleichtert auf. Sein Finanzbericht lag oben auf den Sachen, die er für die Übernachtung gepackt hatte. Aber als er den Koffer ganz aufklappte, fiel ihm auf, dass etwas auf dem Bericht lag: zwei Tickets für eine Fähre, einige Restaurantbons und ein Poloshirt, das nicht ihm gehörte. Er holte es heraus. »Das hier ist nicht …«

»Sehen Sie es sich einfach an.«

Am Kragen waren Lippenstiftspuren in leuchtendem Pink.

David sah den Gepäckträger fragend an, aber der nickte nur in Richtung Koffer. »Schauen Sie genauer hin.«

Noch etwas lag im Koffer. Ein ausgedrucktes Foto – ein Selfie von zwei sich küssenden Menschen, die sich hinten auf einer Fähre sonnten, den Wind im Haar. Zwei Menschen, die den Sonnenschein und den Ausblick genossen. Und die offensichtlich viel Spaß miteinander hatten.

Seine Frau war eine der Personen, aber er war nicht die andere.

Es war Jerry, sein früherer bester Freund.

Genau dieses Foto hatte er vor sechs Monaten auf Sharons Handy gefunden.

KAPITEL 19

Eine vertraute Melodie schwebte vom Korridor herein und ließ Michael mitpfeifen. Wo hatte er sie nur schon gehört?

Die Tür sprang auf und der Gepäckträger schob einen Wagen in den Raum. »Ich habe Ihr Gepäck! Nochmals: Es tut mir leid wegen der Umstände.« Mit überschwänglicher Geste stellte er den Koffer vor Michael ab und trat zurück.

»Danke.« Michael beugte sich rasch vor und umfasste den Griff. Da der Koffer sich unerwarteterweise nicht bewegen ließ, riss der Schwung Michael die Beine weg. Er kam hart auf dem Rücken auf. Die Decke über ihm drehte sich.

Der Gepäckträger reichte ihm die Hand. »Darf ich Ihnen aufhelfen?«

Michael nahm die Hilfe an und stand auf. »Sorry«, sagte er und rieb sich den Kopf. »Ich bin wohl auf dem Teppich gestolpert.« Er kehrte zu seinem Koffer zurück und versuchte ihn erneut anzuheben, aber er war wie im Boden verwurzelt. Michael ging ratlos einen Schritt zurück. »Das ist nicht mein Koffer, oder?«

Der Gepäckträger tippte sich an die Kappe. »Sie können gern den Gepäckanhänger und den Barcode an der Seite prüfen.«

Michael sah nach und stellte zu seiner Erleichterung fest, dass alles seine Richtigkeit hatte; er würde seinem Vater nicht erklären müssen, dass er seinen geliebten Anhänger verloren hatte. Ein drittes Mal nahm er den Koffer am Griff und versuchte zögerlich, ihn hochzubekommen. Aber nichts geschah.

»Wieso kann ich ihn nicht anheben?«

»Das müssen Sie wohl selbst herausfinden. Machen Sie ihn auf.«

Michael beäugte den Koffer. Seine Hüfte schmerzte noch. Er stupste den Koffer mit einem Finger an, was ein leichtes Kippeln auslöste. Doch dann bekam Michael große Augen. Die Bewegung wurde immer stärker, als würde der Koffer aus eigener Kraft weitermachen. Michael wich zurück. Ihm war, als würde er die Vibrationen sogar schon in den Füßen spüren. Das Kippeln wurde heftiger und heftiger – bis der Koffer seinen Schwerpunkt überschritt und krachend umfiel.

Mit offenem Mund stand Michael da. »Was war das denn?«

Der Gepäckträger nickte nur. »Ist ganz normal. Er ist eben schwer.«

Schwer? Michael hockte sich neben den Koffer und stupste ihn wieder mit dem Finger an – nichts. Er sah den Gepäckträger an und wartete auf sein Einverständnis.

Wieder nickte dieser.

Mit spitzen Fingern zog Michael den Reißverschluss so langsam auf, dass man die einzelnen Zähne hörte. Dann holte er tief Luft und klappte den Deckel auf. Aber anstatt auf seine Spikes fiel sein Blick zuerst auf ein dickes Knäuel Teilnehmerbänder und einen Pokal mit einer winzigen Plastikfigur in Gold, die in vollem Lauf abgebildet war.

Michael sah auf. »Das ist nicht mein Zeug.«

Der Gepäckträger ging an ihm vorbei, setzte sich aufs Sofa und verschränkte die Hände hinterm Kopf. »Das ist Ihr Gepäck. Sie haben doch den Anhänger und den Barcode gecheckt.«

Worte des Protests schossen Michael durch den Kopf, aber wie üblich fanden sie nicht den Weg hinaus. »Aber … das hier sind nicht meine.«

Der Gepäckträger schnappte sich die Mappe, die unter den fremden Trophäen gelegen hatte, und schlug sie auf.

Michael sprang auf. »Hey! Nicht! Die sind …«

»Gut!« Der Gepäckträger blätterte durch Michaels Zeichnungen. Jedes neue Werk entlockte ihm einen Laut der Bewunderung oder einen zufriedenen Seufzer. Musik in den Ohren eines kreativen Kopfes.

»Eigentlich sogar viel besser als gut – sie sind brillant! Sie sind vielleicht der begabteste Künstler, den ich kenne.«

Michael erstarrte. So ein Kompliment hatte er noch nie bekommen, aber es fühlte sich großartig an. »Äh, danke.«

»Wie lange zeichnen Sie denn schon?« Der Gepäckträger blätterte um und betrachtete ein Bleistift-Selbstporträt. »Das hier zum Beispiel. Diese Linien, der Kontrast ... Es sieht aus wie ein Foto.«

Michael war hin- und hergerissen. Eigentlich ließ er niemanden an seine Mappe. Er hatte bereits schlechte Erfahrungen gemacht, wenn ihm andere seine Werke mit Desinteresse zurückreichten ... oder noch schlimmer, mit Ratschlägen. Aber dieser Typ verstand, was er mit seiner Kunst bezwecken wollte.

»Oh, wow. Oder das hier. Unglaublich!«

Michael scharrte mit den Füßen. Das ganze Lob war ihm unangenehm, aber zugleich sehnte er sich nach mehr.

Der Gepäckträger sah restlos begeistert aus. Ohne das Papier zu berühren, fuhr er mit einem Finger über das Gesicht von Michaels Mutter. »Diese Traurigkeit in ihren Augen, die Verzweiflung. Sie transportieren so viele Emotionen in Ihrer Kunst.«

In Michaels Kopf tobte eine Gedankenschlacht. *Er versteht wirklich, was ich tue, aber wer ist dieser Typ überhaupt?*

»Michael, warum zeichnest du?«

Das letzte Mal, dass jemand Michael diese Frage gestellt hatte, war im Kunstkurs an der Highschool gewesen. Zu Hause lautete sie dagegen eher: *Warum lässt du es nicht einfach?*

Der Finger des Gepäckträgers hielt inne. »Dass du nicht weißt, was du darauf antworten sollst, sagt mir, dass es dir vermutlich generell schwerfällt, dich auszudrücken, außer durch deine Kunst.«

Michael blinzelte und merkte, wie er rot wurde. Seine Gefühle waren nun mal bei ihm selbst am besten aufgehoben, auch wenn es stimmte und er sie durch die Sprache der Kunst zum Ausdruck brachte. Dieser Gepäckträger, der ihn überhaupt nicht kannte, hatte gerade sein ganzes Wesen zusammengefasst, als würde er ihn schon ewig kennen. Und ihm war nicht entgangen, dass er plötzlich zum Du übergegangen war. Steckte sein Kunstlehrer hinter alldem? Kannte er diesen Mann und hatte mit ihm über Michael gesprochen?

»Träumst du davon, Künstler zu sein?« Der Gepäckträger sah ihn voller Mitgefühl und einer Spur Wehmut an.

Woher wusste dieser Typ so viel über ihn und seinen großen Wunsch? »Natürlich. Jeden Tag.«

»Und wieso verfolgst du diesen Traum dann nicht?«

Michael wurde wieder heiß. Es gab eine Antwort darauf, aber er konnte sich nicht dazu bringen, sie zu geben. Stattdessen fiel ihm einer dieser viel zitierten Sätze ein: »Die Zukunft gehört denen, die an ihre Träume glauben.«

»Was bedeutet das?«

»Dad sagt das, seit ich denken kann.«

Die Augen des Gepäckträgers wurden schmal. »Und was macht er beruflich, wenn ich fragen darf?«

»Er hat einen Baumarkt.«

Der Gepäckträger schmunzelte. »Ja, so läuft es oft. Du jedenfalls bist ein Künstler und kein Regaleinräumer. Und eigentlich geht der Satz so: ›Die Zukunft gehört denen, die an die *Schönheit* ihrer Träume glauben.‹ Weise Worte.«

Michael hätte gern noch mehr Positives über seine Werke gehört, aber allmählich wurde er unruhig. Er wollte – nein, er *musste* – wieder zum Thema kommen. »Wissen Sie, sosehr ich mich darüber freue, was Sie sagen, ich muss wirklich los. Wenn ich die Sache mit dem Stipendium vermassle ...« Es schnürte ihm die Kehle zu. »Ich kann nicht mit fremden Sachen im Koffer losgehen. Wem gehört das alles?«

Der Gepäckträger sah von Michaels Mappe auf. »Sieh doch nach.« Dann blätterte er wieder um und lächelte beeindruckt.

Michael hockte sich neben seinen Koffer und griff eins der

Bänder heraus. Auf dem weißen Button wurde mit verschnörkelter Schrift die Teilnahme an einer Sportveranstaltung gelobt. Er war in eine hellrote Rosette eingefasst und zwei schmale rote Bänder hingen von ihm herab. Bei ihm zu Hause hießen diese Bänder nur »Verliererstreifen«. Michael hatte bei seinem ersten Rennen als Siebenjähriger so ein Band mit nach Hause gebracht und sein Vater war an die Decke gegangen, weil er mit mehr gerechnet hatte. Weil er mehr *verlangte*. Die Erinnerung rüttelte leicht an dem Deckel, der vor vielen Jahren auf sein Selbstbewusstsein genagelt worden war. Michael packte eine ganze Handvoll Bänder. Der Koffer schien voll davon. Er hielt sie dem Gepäckträger hin. »Ich habe die nicht hier reingetan.«

»Ich weiß. Hast du nicht.« Er wandte sich wieder der Mappe zu.

»Sie wissen es?«

Der Gepäckträger ließ die Mappe sinken. »Du hast sie nicht da reingetan, aber du schleppst sie mit dir herum.«

»Was reden Sie da? Als ich heute Morgen meine Spikes in den Koffer getan habe, waren die noch nicht drin.«

»Darüber haben wir ja gerade schon gesprochen.«

Michael sah völlig verblüfft in seinen Koffer. »Und wer hat den Pokal hier reingelegt?«

Der Gepäckträger verschränkte die Arme. »Sieh doch nach«, sagte er wieder.

Michael nahm den Pokal in die Hände. Der vergoldete Athlet rannte stolz auf einer großen Säule in Marmoroptik zu Ehren einer sportlichen Leistung. Michael hatte in den letzten Jahren viele Pokale gewonnen, aber diesen hier hatte er noch nie gesehen.

Voller Mitgefühl und einer Spur Wehmut sah der Gepäckträger ihn an. »Der Name auf dem Pokal sollte dir verraten, wer all das in dein Gepäck geladen hat.«

Michael seufzte schwer und drehte den Pokal.

Es war tatsächlich ein Name darauf.

Ihm stockte der Atem.

Es war der Name seines Vaters.

KAPITEL 20

Das Foto in Gillians Hand zitterte. In Zeitlupe hob sie ihre Brille an und da lächelte ihre Familie wieder. Sie griff nach den anderen Fotos. Ihr Haus glänzte in der Nachmittagssonne; die Jungs fuhren auf dem Bürgersteig mit dem Fahrrad um die Wette. Das Wohnzimmer war der Schauplatz eines gemütlichen Abends: Alle fünf hatten sich aufs Sofa gekuschelt und schauten einen Film. Ihre Frauengruppe saß am Kaffeetisch und die Anwesenden warfen vor Lachen die Köpfe zurück, darunter auch Gillian.

Das waren Fotos, die man aufhob, Erinnerungen, die man gerne behielt.

Aber sie hatte sie noch nie zuvor gesehen.

Gillian blinzelte. Ihr Kopf kam nicht hinterher. Sie ließ die Brille wieder auf die Nase gleiten und die Fotos kehrten zu ihrem ursprünglichen Zustand zurück. Trübsal. Zwist. Verwahrlosung.

Sie öffnete den Mund, um etwas zu sagen, aber es kamen keine Worte. Sie hob noch einmal die Brille an und setzte sie wieder auf. Und noch einmal. Missmut, Freude. Chaos, Gemütlichkeit. Unkraut, Sonnenschein. Glück, Elend. Zusammenhalt, Einsamkeit. Zufriedenheit, Gleichgültigkeit.

Gillian nahm die Brille ab und inspizierte die Gläser. Sie hielt sie ins Licht – sauber.

Sie gestikulierte mit der Brille zum Gepäckträger hin, während in ihrem Kopf tausend Gedanken gleichzeitig tobten. »Irgendwas stimmt mit der hier nicht.«

Der Gepäckträger setzte sich und legte schwungvoll einen

Arm auf die Sofalehne. Dann zeigte er auf die gegenüberliegende Wand. »Von wem ist das Zitat dort auf dem Plakat?«

Gillian setzte die Brille auf und las den Namen unter der Sonnenblume. »Miranda Kerr. Wieso?« Schnell nahm sie sie wieder ab und hielt sie weit von sich, als wäre sie vergiftet.

»Also, mit der Brille ist alles in Ordnung.«

Es stimmte – obwohl sie die Antwort schon gekannt hatte, hatte sie den Namen klar lesen können. »Aber wenn ich die Fotos mit Brille anschaue ... Ich muss sie tragen. Ohne Brille sehe ich fast nichts.«

Der Gepäckträger lächelte. »Ich würde sagen, mit Brille siehst du nicht unbedingt mehr.«

Gillian blätterte durch die Fotos und testete den Wechsel noch einige Male. »Wie machen Sie das?«

»Ich mache nichts, Gillian. Sondern du.«

»Wie bitte?«

Der Gepäckträger legte den Kopf schief. »Eine Schicht auf deiner Brille hält dich davon ab, die Dinge so zu sehen, wie sie sind.«

»Eine Schicht? Da ist überhaupt nichts drauf.«

»Ich rede nicht von Dreck oder Fingerabdrücken. Ich meine Neid und ständiges Vergleichen. Du siehst dadurch alles verzerrt. Und so blickst du mittlerweile auf dein ganzes Leben.«

Gillian schlang die Arme um ihren Körper; die Brille baumelte an ihrer Hand. Dass der junge Mann sie auf einmal duzte, verstärkte ihre Abwehrhaltung noch.

Der Gepäckträger sah sie aus seinen blauen Augen voller Mitgefühl und einer Spur Wehmut an. »Glaub mir, du bist nicht die Einzige, die das tut. Ich sehe das immer und immer wieder. Fast in jedem Fall gibt es diese flüsternde Stimme im Kopf. Du weißt, dass sie da ist, und du kannst sie spüren. Sie stellt eine einzige Frage, die dir keine Ruhe lässt: *Wie stehe ich da?* Also schaust du dich um und vergleichst dich mit allen anderen.«

Der Gepäckträger hatte Gillians größte Schwäche ausgemacht: die Art, wie sie sich selbst sah.

»Das wird zum Problem, wenn du nur noch auf diese Stimme hörst. Denn sie verurteilt dich und du fängst an, dein Leben, deine Familie, deine Arbeit und dein Zuhause mit einer Brille der Enttäuschung, nicht der Wertschätzung, zu sehen. Am Ende verändert sie deine Sicht auf die ganze Welt.«

Gillian fielen sofort konkrete Punkte ein. Das Auto, das so oft kaputt war, dass sie es schon hasste, damit zu fahren. Der Familienurlaub, der nie exotisch genug war. Das Haus, für das sie sich zu sehr schämte, um neue Freunde dorthin einzuladen. Die Jungs, für die sie sich oft entschuldigte. Rick, der nicht so ein guter Koch war wie Susannas Mann, nicht so ein guter Handwerker wie Vickis Mann und nicht so viel Geld nach Hause brachte wie Debbis Mann. Der viel zu kleine Freundeskreis. Die Klamotten, die denen der anderen immer drei Saisons hinterherhinkten. Die Figur, die sie am Strand kaschierte.

Gillian sank aufs Sofa, als ihr das Gewicht dessen, was der Gepäckträger gesagt hatte, richtig bewusst wurde. Er hatte recht. Sie maß ihr Leben nur daran, was sie nicht hatte. Was sie nicht konnte. Wer sie nicht war.

»Wer sind Sie? Sie haben vielleicht eine Arbeitshose an und diese Kappe vom Gepäckservice, aber Sie arbeiten gar nicht für die Fluggesellschaft, oder? Sind Sie so was wie ein Schutzengel?«

»Ich bin der Gepäckträger. Ich helfe Menschen mit ihrem Gepäck – zumindest denen, die das wollen. Das trifft nicht auf alle zu.«

»Warum sollte das irgendjemand nicht wollen?«

Der Gepäckträger seufzte traurig. »Weil es schwer ist, sich um sein Gepäck zu kümmern. Es kostet Kraft und manchmal muss man seinen Stolz hinunterschlucken. Und manche Leute haben sich so daran gewöhnt, es zu tragen, dass sie davon überzeugt sind, nicht mehr ohne es leben zu können. Andere sagen, sie brauchen Zeit, um sich darum zu kümmern, aber diese Zeit kommt nie. Der häufigste Grund ist allerdings, dass es einfacher erscheint, das Gepäck weiter mit sich herumzuschleppen, trotz der Last.«

Gillian betrachtete die Rückseite des Spiegels in ihrem Koffer. »Das ist traurig.«

»Aber eben ganz normal. Du machst es ja auch, jetzt gerade.«

Gillians Blick schnellte hoch. »Inwiefern denn das?«

»Wir sprechen jetzt schon eine Weile miteinander, aber du hast mich noch nicht gebeten, dir zu helfen. Du möchtest alles über dein Gepäck wissen, aber wie man sich darum kümmert, offensichtlich nicht.«

Gillian lehnte sich zurück, um etwas Abstand zwischen sich und diesen seltsamen jungen Mann zu bringen. »Wie sind die Fotos in den Koffer gekommen?«

Der Gepäckträger stützte sich mit den Ellbogen auf den Knien ab und schüttelte leicht den Kopf. »Gillian, du hast sie immer im Gepäck. Das muss dich doch wahnsinnig viel Kraft kosten!«

»Soll das heißen, meiner Familie geht es besser, wenn ich sie nicht anschaue?«

»Ich glaube, du hast da etwas falsch verstanden. Du hast dich dazu entschlossen, sie durch diese Brille zu sehen. Und wenn du das tust, sieht sie unglücklich aus. Das war deine Entscheidung.«

»Was soll das heißen, meine Entscheidung? Ich wusste bis vor fünf Minuten nicht, dass die Sachen überhaupt in meinem Koffer sind!«

Der Gepäckträger ließ sich die Brille von ihr geben und sah hindurch. »Alles, was du siehst, ist mit Makeln behaftet. Du betrachtest deinen Mann und deine Söhne nur noch durch die Vergleichsbrille. Du misst sie an allen anderen, andauernd, und das führt dazu, dass du nur das Schlechte in ihnen siehst. Nicht wegen dem, was sie getan haben, oder aufgrund dessen, wie sie sind, sondern wegen dem, was sie nicht getan haben und wie sie nicht sind.«

Gillian schluckte, als sich die Erkenntnis in ihr festsetzte. Gedanken, die sie mit viel Mühe vergraben hatte, drängten auf einmal an die Oberfläche.

»Ständig siehst du alles durch die Augen von jemandem, der sich ein besseres Leben wünscht, ein anderes Leben.«

Gillian wollte dagegenhalten, sich verteidigen, aber ihre Streitlust fiel in sich zusammen, weil sie insgeheim wusste, dass der Gepäckträger recht hatte.

Er gab ihr die Brille zurück und griff nach dem Spiegel. »Die Welt hält dir ständig vor, dein Leben sei in sämtlichen Bereichen nicht gut genug. Und du hast dir dieses Denken zu eigen gemacht. Dabei handelt es sich nicht um eine Wahrheit, die das Leben besser macht, sondern um eine Lüge, die einen dazu bringt, immer mehr zu wollen und immer mehr zu kaufen. Sie hält das ganze System am Laufen. Aber sie ist nicht gut für dich als Mutter, als Ehefrau, als Frau und als Mensch.«

»Aber das ist doch bei jedem so, oder nicht?«

Ein winziges Lächeln stahl sich durch die nebulöse Stimmung des Gepäckträgers. »Das sagen alle. Aber auch das ist wieder ein Vergleich.« Er schlug ein Bein über das andere. »Zugegeben, dein Leben ist nicht perfekt, aber es ist auch nicht so schlecht, wie du es wahrnimmst. Im Leben geht es nicht darum, was man hat. Es geht darum, was man mit dem macht, was man hat. Ich verrate dir etwas, das nur wenige Leute wissen: Jedes Mal, wenn du einer Person begegnest, mit der du gern tauschen würdest, gehst du davon aus, dass sie glücklich und zufrieden ist. Du unterstellst ihr, das zu sein, was du siehst. Aber so ist es nicht. Die Leute, deren Leben du dir wünschst, sehen auch ständig andere Leute, mit denen *sie* tauschen wollen.« Der Gepäckträger schüttelte den Kopf. »Das habe ich schon unendlich oft erlebt. Du vergleichst deine Schwächen mit den Stärken der anderen. Die Seiten an dir, die du nicht magst, treten gegen die besonderen Talente der anderen an. Du siehst auf deine dreckige Wäsche und vergleichst sie mit den Sonntagskleidern der Menschen um dich herum.«

Seit sie denken konnte, war Gillian so – nicht nur, aber auch, weil ihre Eltern schon immer all ihre Energie in die hübsche, ältere Überfliegertochter Becky gesteckt hatten. Ein winziger Riss ging durch Gillians Gefühlstank und die ersten Tränen begannen zu fließen.

Der Gepäckträger reichte ihr ein Taschentuch. »Die Dinge sind oft nicht so, wie sie scheinen.« Er nahm eine Banane aus der Obstschale. »Diese Banane hier zum Beispiel sieht aus der Entfernung makellos aus, doch wenn du näher hinschaust und dich mit ihr beschäftigst, merkst du, dass das nicht den Tatsachen entspricht.« Er gab sie ihr.

Der Glanz der Plastikfrucht in Gillians Hand war unnatürlich hell, aber dann bedeutete ihr der Gepäckträger, ihre Brille, die sie wieder aufgesetzt hatte, hochzuschieben. Als sie es tat, war die Bananenschale voller schwarzer Punkte.

Der Gepäckträger beugte sich über ihren Koffer, griff nach dem Familienfoto und setzte sich neben Gillian. »Mit deiner Familie ist es nicht anders.« Er zeigte auf ihren schielenden, die Zunge herausstreckenden Ältesten. »Tyson ist ein temperamentvoller Bengel, aber das wird ihm zugutekommen, wenn er älter ist und für die Schwachen eintritt. Er wird Karriere damit machen, für die Menschen zu kämpfen, deren Stimme niemand hört. Aber du wünschst dir andauernd, er solle endlich leise sein.« Er zeigte auf die Zwillinge in der Schwitzkasten-Pose. »Du siehst, wie James und Alex die ganze Zeit miteinander raufen. Ohne diese Kämpfe werden sie nicht ihr volles Potenzial ausschöpfen. Aber du willst, dass sie endlich aufhören und brav sind.«

Gillian konnte nicht mehr klar denken. Ruhe und Benehmen waren genau das, was sie von ihren drei Jungs erwartete. Diese Worte brüllte sie fast bei jeder Autofahrt nach hinten.

Der Gepäckträger nahm die anderen Fotos. »Oder nimm euer Haus. Ja, es ist nicht vollkommen, aber es ist ein Zuhause. Doch du siehst es durch die Brille dessen, was deine Schwester hat. Ja, sie ist gerade in einen Palast gezogen, aber weißt du, wie sehr Brent und sie sich verschuldet haben, nur um mit den anderen Familien in ihrem sozialen Umfeld mithalten zu können?«

Gillian schüttelte den Kopf.

»Nein, weißt du nicht, weil du nie danach gefragt hast. Und selbst wenn, würde Becky es dir nicht verraten. Du nimmst also einfach an, dass sie besser dran ist als du.«

Gillian biss sich auf die Lippe.

»Und das ist noch nicht alles. Du gehst davon aus, dass ihr Besitz sie außerdem zu jemand Besserem macht als dich.«

Die Tränen kullerten nun ungehemmt. Dieser junge Mann – dieser Gepäckträger – konnte tief in ihre Seele blicken und legte den Finger in jede Wunde.

»Gillian, das Spiel, das du da spielst, hast du nach deinem eigenen Urteil schon verloren. Und deine Familie wünscht sich nur, dass du endlich aufhörst mitzuspielen.« Er legte ihr eine Hand auf den Arm. »Ich wünsche mir, dass du aufhörst mitzuspielen.«

Ablehnung und Jahrzehnte der Selbstverachtung brachen in ihr auf. Mit tränenverschleiertem Blick sah sie den Gepäckträger an, der ebenfalls feuchte Augen hatte. »Was soll ich denn tun? Ich will überhaupt nicht so sein.«

Mitgefühl stand ihrem Gegenüber ins Gesicht geschrieben. »Ich will auch nicht, dass du so bist.«

»Also schön«, schluchzte Gillian. »Und wie kriege ich das hin?«

»Ich könnte die Brille für dich putzen.« Der Gepäckträger holte ein rostfarbenes Tuch aus der obersten Tasche seiner Latzhose und nahm sie ihr wieder ab. Während er mit langsamen, kreisenden Bewegungen erst ein Glas polierte und dann das andere, pfiff er eine Melodie, die Gillian sehr vertraut vorkam.

Gillians Selbstbewusstsein, das sie so lange von anderen hatte niedertrampeln lassen, flackerte zaghaft auf.

Der Gepäckträger sah sie durch jedes der Gläser einzeln an und reichte ihr dann mit einem Lächeln die Brille wieder zurück.

Gillian setzte sie auf und nahm sich die Fotos noch einmal vor. Ihre Familie lächelte und grinste frech. Die Jungs rasten mit den Fahrrädern den Bürgersteig hinunter. Sie und die anderen aus der Frauengruppe lachten fröhlich miteinander, nirgendwo war ein trauriges Gesicht zu sehen. Gillian nahm die Brille hoch. Die Fotos blieben, wie sie waren.

Der Gepäckträger schaute sich um und sie tat es ihm gleich. »Hat sich irgendetwas verändert?«, fragte er.

Der Warteraum sah anders aus. Die weißen Wände waren fleckig. Das Fernsehbild war leicht unscharf und hatte einige Pixelfehler. Die Ecken der Poster wellten sich hoch. Was vorher perfekt ausgesehen hatte, war jetzt alltäglich, fast enttäuschend. Ganz normal. Gillian fiel das Obst ins Auge. Die Banane hatte jetzt auch von Weitem schwarze Punkte, die Äpfel glänzten nicht mehr. Sie nahm sich einen davon und betrachtete ihn genauer. Er war leicht verfärbt und hatte eine kleine braune Stelle.

»Koste ihn ruhig«, sagte der Gepäckträger.

Gillian biss hinein und süßer Saft floss in ihrem Mund zusammen. Sie nahm einen weiteren, laut knackenden Bissen. »Vorhin war der noch unecht.«

»Das lag an deiner Sichtweise. Aber jetzt siehst du ihn, wie er wirklich ist. Er ist nicht perfekt, aber schmeckt er dir?«

»Ich kann mich nicht erinnern, jemals so einen saftigen Apfel gegessen zu haben.« Sie biss noch einmal ab.

Der Gepäckträger lehnte sich vor. »Ich verrate dir ein Geheimnis: Er war die ganze Zeit süß und knackig.«

Gillian wischte sich die Tränen ab und kaute. »Danke – wer auch immer Sie sind. Dafür, dass Sie mir geholfen haben.« Sie legte den angegessenen Apfel auf den Tisch und stand auf. »Ich glaube, durch unsere Begegnung werde ich ab jetzt ein viel glücklicherer Mensch sein.«

Sie wollte nach dem Koffer greifen, aber der Gepäckträger legte ihr eine Hand auf den Arm, um sie aufzuhalten. »Wir sind noch nicht fertig.«

KAPITEL 21

David kochte innerlich vor Wut und Angst. Sein erhobener Zeigefinger zitterte. »Wo haben Sie das her?«

Der Gepäckträger lehnte sich entspannt zurück, die Ruhe in Person. »Wieso glauben Sie, dass ich das war? Sie haben doch Ihren Koffer gepackt. Sie haben ihn mitgenommen. Sie haben ihn abgeschlossen und gerade wieder geöffnet.«

»Soll das irgendein kranker Witz sein?«

»Nun, ich glaube schon und ich denke, Sie sollten auf die Person wütend sein, die Ihnen das angetan hat.«

David spürte, wie ihm die Hitze in den Kopf stieg. »Da sind wir uns ausnahmsweise mal einig! Sagen Sie mir einfach, wer es war.«

Der Gepäckträger runzelte erstaunt die Stirn. »Nun ... Sie selbst, David.«

David konnte mit keiner der Fragen, die ihm unwillkürlich durch den Kopf schossen, etwas anfangen. »Ich ... was?« Die Worte, normalerweise seine Lieblingswaffe, versagten. »Wer sind Sie?«

»Ich bin der Gepäckträger.«

David schnaubte durch aufeinandergepresste Zähne. »Ja, aber wer sind Sie *wirklich?*«

»Entschuldigung, vielleicht sollte ich langsamer sprechen. Ich ... bin ... der ... Gepäck...träger.« Der junge Mann grinste über seinen eigenen Witz und kratzte sich unter der Kappe, was einige der dicken schwarzen Locken als Einladung verstanden, sich selbständig zu machen.

David machte einen Satz nach vorn, als wolle er den Mann an den Trägern seiner Latzhose packen. »Ich habe keine Ahnung, was hier läuft, aber ich habe nicht die Zeit, um rauszukriegen, ob das hier der größte Streich aller Zeiten ist, ob Sie ein Stalker sind oder wer – oder was – auch immer. Ich muss hier raus, kapiert? Zeigen Sie mir, wie ich hier rauskomme!«

Der Gepäckträger musterte mit finsterem Blick seine Hände. »Das kann ich nicht, tut mir leid. Sie haben versprochen, dass Sie sich um Ihr Gepäck kümmern, bevor Sie gehen.«

David ballte die Hände zu Fäusten und lockerte sie wieder. Adrenalin rauschte ihm durch die Adern wie eine Springflut. »Versprochen? Was reden Sie da?«

Der Gepäckträger griff nach dem Klemmbrett, das er auf das Sideboard gelegt hatte. Er drehte es um und tippte mit dem Finger auf Davids Unterschrift, dann auf eine Zeile weiter oben.

»Ich verspreche, eine Entscheidung über mein Gepäck zu treffen, bevor ich das Gebäude verlasse«, las David.

»Sieht aus, als müssten Sie das nun tun.« Der Gepäckträger legte das Klemmbrett neben sich.

Dieser Kerl würde ihn noch zur Weißglut bringen! David starrte ihn an und stürmte aus dem Zimmer, zurück in den schier endlosen Flur mit den weißen Türen. Seine Atemzüge wirkten hier unnatürlich laut. Gefangen. Er schlich zurück in den Warteraum.

»Warum ich?« David richtete sich zu seiner ganzen Größe auf. Er musste wieder Herr der Lage werden. Irgendwie.

»Warum nicht?« Der Gepäckträger verschränkte die Hände hinterm Kopf.

So würde er nicht weiterkommen. »Also schön. Ich muss hier weg und dafür soll ich irgendeine Entscheidung über die Sachen treffen, die da wie von Zauberhand in meinen Koffer gekommen sind. Was muss ich tun?«

Der Gepäckträger nickte. »Schon besser. Wann hat das mit Sharon angefangen?«

Davids Augen wurden zu Schlitzen. Woher wusste er das nun wieder? Vielleicht steckte Sharon hinter alldem hier? Also, *das* würde so einiges erklären. *Pass auf, was du sagst.* »Vergangenes Jahr.«

»Dann schleppen Sie das schon sechs Monate mit sich herum, vielleicht sogar länger.«

»Augenblick mal. Sie hat *mich* betrogen. Wieso muss ich mich jetzt damit herumschlagen? Wieso ist das in meinem Gepäck?«

Der Gepäckträger zuckte die Achseln. »Das habe ich schon Tausende Male erlebt. Es ist nicht das Gepäck von jemandem, der untreu war. Es ist das Gepäck mangelnder Vergebungsbereitschaft.«

»Mangelnder Vergebungsbereitschaft?« David spie die Worte förmlich aus.

»Ja, genau das. Sie tragen die Konsequenzen für das Handeln eines anderen Menschen und am Ende frisst es Sie auf. David, Sie sind derjenige, der das Gepäck trägt, und es drückt Sie nieder. Aber Sie entscheiden, was Sie mit sich herumschleppen.«

David sah ihn unbeeindruckt an. »Das zeigt nur, dass Sie auch die Zeitung gelesen haben.«

»Ich habe es gelesen, gesehen, gehört, gefühlt, erlebt. Ich habe schon mit so vielen Menschen in Ihrer Situation gesprochen und sie alle haben eines gemeinsam: Sie klammern sich an die Verbitterung, weil sie glauben, damit die andere Person zu bestrafen. Aber schlussendlich sind Sie derjenige, der den Preis bezahlt.«

David ließ den Kopf hängen.

»Ich schätze mal, Sie sind wütend, anderen gegenüber schlecht gelaunt, missgönnen der Welt um Sie herum das Glück und versuchen, den Schmerz mit diversen Dingen selbst zu behandeln. Aber irgendwann wird es schlimmer. Sie können nicht mehr schlafen und Sie ernähren sich praktisch von Magentabletten. Ihr Körper versinkt in der Verbitterung. Sie trinken Gift in der Hoffnung, dass der Mensch, der Ihnen das angetan hat, daran stirbt.«

David wollte die Worte nicht an sich heranlassen, aber ganz

perlten sie nicht an ihm ab. Dieser Gepäckträger las in ihm wie in einem offenen Buch.

»Und bisher ist mir noch niemand begegnet, der dieses Gepäck gern mit sich herumträgt oder die Last nicht spürt. Und doch tragen sie es alle weiter.«

David richtete seinen stählernen Blick auf den Gepäckträger, die Lippen geschürzt.

Der Gepäckträger hielt mit seinen stechend blauen Augen dagegen.

Das Ticken des Weckers am Ende des Sideboards schien lauter zu werden, bis es war, als würde das blecherne Zählen der Sekunden von den weißen Wänden widerhallen.

»Wieso glauben Sie, ist das so, David?«

Der Anfang einer Antwort stahl sich über Davids Lippen, bevor sein Verstand sie einfangen konnte. »Weil ich ...« Hastig brach er ab.

»Sie wissen es, nicht wahr?« Der Gepäckträger beugte sich gespannt vor. »Sie spüren es. Tief in Ihnen drin wissen Sie es, Sie sind ...«

»Im Recht.« David starrte auf den abgenutzten weißen Teppich. »Sie ist diejenige, die die Sache verzapft hat.«

Der Gepäckträger schüttelte enttäuscht den Kopf. »Das stimmt, aber das heißt nicht, dass Sie voll im Recht sind. Wieso glauben die Leute, wenn sie im Recht sind, dass die Gegenseite hundertprozentig im Unrecht sein muss? Das Leben hat so viele Graustufen.«

»Also ist es meine Schuld? Geht es darum?«

Erneutes Kopfschütteln. »Sie tragen zu der verfahrenen Situation bei. Sharon war im Unrecht, da bin ich Ihrer Meinung, aber Sie sind zu einem großen Anteil dafür verantwortlich, dass es keine Lösung gibt.«

Sharons Stimme klang ihm im Ohr. *Es tut mir so leid, David ... Das war ein einmaliger Ausrutscher ... Ich war so einsam und du hast mir nicht mehr zugehört.*

Tränen. Viele Tränen. Aber keine von David. Nur ein mahlender Kiefer und der Kampf, die Szene auf dem Foto möglichst unaufhörlich vor seinem inneren Auge abspielen zu lassen.

Davids Miene wurde eine Spur weicher. »Sie dachte allen Ernstes, es würde genügen zu sagen, dass es ihr leidtut.«

»Sie hat es ehrlich gemeint. Was haben Sie darauf erwidert?«

»Wenn ich mal die ganzen Kraftausdrücke herausfiltere?«

Der Gepäckträger schmunzelte. »Keine schlechte Idee.«

»Dann nicht viel.«

Der Gepäckträger zeigte auf Davids Koffer. »Sie sind dabei, eine Familie zu zerstören, Ihrer Tochter den Boden unter den Füßen wegzureißen und ihr Leben unendlich zu verkomplizieren, und alles nur, weil es Ihnen tief im Innern am wichtigsten ist, recht zu haben.«

»Hören Sie – es war ein hartes Jahr, aber ich bin nicht derjenige, der damit angefangen hat.«

Ein Schatten huschte über das Gesicht des Gepäckträgers. »Ich weiß, aber Beziehungen zerbrechen nicht von einem Tag auf den anderen.«

Seine Untergangsstimmung war zurück. Dieses Gefühl einer düsteren Vorahnung, von Verantwortung. Davon, einen Fehler zu machen.

»Sie sind wütend auf sie, das ist verständlich. Aber es geht hier nicht ums Was. Es geht ums Warum.«

Warum? Warum war eine der simpelsten Fragen überhaupt, aber sie versetzte David einen Stich. Er hatte sie nie zugelassen. Durch das *Wer* hatte er sich gekämpft und viel Zeit damit verbracht, die Details des *Was* abzuwehren. Aber das *Warum* hatte er nie zu Wort kommen lassen.

Der Gepäckträger stand auf und strich seine Latzhose glatt. »Das ist alles ziemlich viel auf einmal. Deswegen werde ich Sie ein paar Minuten allein lassen, damit Sie darüber nachdenken können. Aber nur zur Erinnerung, Sie haben das Formular unterschrieben, auf dem steht, dass Sie entscheiden, was aus Ihrem

Gepäck wird, bevor Sie gehen, und wie mir scheint, läuft die Zeit bis zu Ihrem Meeting bald ab.« Er ging zur Tür und drehte am Knauf. »Ich bin gleich zurück.«

David setzte sich und das Wippen seines Knies hielt mit seinem maschinengewehrartigen Puls mit, während der Wecker unbeirrt sein blechernes Ticken fortsetzte. David starrte auf das Foto im Koffer. Das Bild, wie seine Frau seinen besten Freund küsste, ließ die glühenden Kohlen tief in ihm auflodern. Sein Atem wurde flacher, während seine Gedanken sich förmlich überschlugen. Er sah auf sein Handy. Wieder waren fünfzehn Minuten vergangen. In einer Dreiviertelstunde würde seine Karriere vorbei sein.

Es war das Warum.

Wieder schoss ihm Sharons Stimme durch den Kopf. *Du bist nie zu Hause ... Ich habe es satt, immer allein zu Abend zu essen ... Warum bist du nicht bei der Aufführung aufgetaucht? Wenigstens war Jerry da.*

Die Mauer aus Wut, deren Steine er mit dem Mörtel aus berechtigter Selbstgerechtigkeit verbunden hatte, seit er das Bild auf ihrem Handy gefunden hatte, bekam einen feinen Riss.

Er hatte nicht von Sonnenaufgang bis Sonnenuntergang arbeiten wollen. Wer wollte das schon? Aber wenn man der Alleinverdiener einer Familie war, die ständig mehr wollte, dann nahm man das in Kauf. Für all ihre Wünsche. Die Kleider. Das endlose Karussell aus Prinzessinnenfilmen.

Alles, um sie glücklich zu machen.

Das bohrende Gefühl im Magen wurde fast übermächtig, aber es rief nicht nach einem Antazidum. Er brauchte etwas Stärkeres.

Es war das Warum.

David sah nach unten und wusste plötzlich, was es mit dem Poloshirt auf sich hatte. Er hatte es schon öfter auf dem Golfplatz gesehen. Und es war auf dem Foto. Jerry hatte es an. Auf der Fähre, wo er gerade Davids Frau küsste.

Warum nur hatte er die Verbindung nicht gleich hergestellt?

David nahm das Foto in die Hand und musterte Sharons Lippen, die ihm hellrosa entgegenleuchteten. Sein Blick sprang zum Poloshirt im Koffer zurück und den Spuren, die die Lippen seiner Frau dort hinterlassen hatten.

Er schrie auf, packte die Tickets und die Bons, riss alles in Stücke und verstreute sie auf dem Boden. Auch aus dem Foto machte er Konfetti. Dann nahm er Jerrys Shirt, schob die zwanzigjährige Freundschaft mit seinem besten Freund beiseite und versuchte, es ebenfalls in Fetzen zu reißen. Eine Wutträne lief seine Wange hinab, als die ersten Nähte platzten. Mit einem Schrei feuerte er das zerrissene Kleidungsstück in den Mülleimer unter dem Kaffeeautomaten. Dann knallte er den Deckel des Koffers zu und setzte sich triumphierend wieder aufs Sofa. »So. Ich habe mich darum gekümmert.«

Er war kurz davor, wegen dieser irrsinnigen Situation durchzudrehen. David schloss die Augen und massierte seine Schläfen. Alles, was im Moment zählte, war seine Präsentation. Dieser ganze Mist hier durfte ihn nicht daran hindern, sich voll und ganz darauf zu fokussieren.

Er versuchte, sich Caitlin auf dem Schiffdeck vorzustellen. Sie lächelte, aber neben ihr saß jemand anderes. Jerry hatte seinen Platz eingenommen.

David riss die Augen wieder auf und versuchte das Bild abzuschütteln. »Okay, ich habe also die Zahlen.« Er musste zu irgendetwas Realem Verbindung aufnehmen und was wäre dazu besser geeignet als die Grundlage für die Rettung seines Jobs?

Das gewohnte, beruhigende Gefühl setzte jedoch nicht ein. Warum konnte er nicht wie sonst in Situationen, die ihm zu entgleiten drohten, einfach wieder das Steuer an sich reißen?

Das Ticken des Weckers dröhnte durch den Raum.

David öffnete den Koffer. Oben auf seinen Finanzunterlagen lagen ein Poloshirt mit Lippenstiftspuren, zwei Kreuzfahrttickets, einige Restaurantbons und ein Selfie seiner Frau, wie sie seinen früheren besten Freund küsste.

KAPITEL 22

Michael starrte den Pokal an. Die Sekunden tropften in Zeitlupe in den Gedankenpool, der sich in seinem Kopf kräuselte. Michaels Finger strichen über die kleine Figur, über die Gravur auf der polierten goldfarbenen Oberfläche, über den Namen seines Vaters. Und über das, was darunter stand: Serviceton High School.

Das ist Dads Pokal? Michael versuchte fieberhaft, sich daran zu erinnern, ob er ihn auf dem Kaminsims zwischen seinen Trophäen und denen seines Bruders gesehen hatte.

Wieso trage ich den mit mir herum? Und wieso würde Dad ihn mir in den Koffer tun?

Auf dem Sofa pfiff der Gepäckträger leise vor sich hin. Was für ein Lied war das bloß? Der Titel versteckte sich immer noch in irgendeiner dunklen Ecke seines Gedächtnisses.

Michael hielt dem jungen Mann den Pokal hin. »Wieso tut er das?«

Der Gepäckträger lehnte sich zurück. »Wer tut was?«

»Mein Dad. Wieso legt er mir den Pokal in den Koffer?«

»Ich nenne es lieber Gepäck.«

Ärger flackerte in Michael auf. Was tat das zur Sache?

Der Gepäckträger lächelte. »Du hast diesen Pokal noch nie gesehen, stimmt's?«

Michael zog die Hand zurück. Hatte ihm das sein Gesichtsausdruck verraten?

»Weißt du, warum du ihn noch nie gesehen hast?«

Michael schüttelte neugierig den Kopf.

»Weil dein Vater nicht wollte, dass du ihn je zu Gesicht bekommst.«

»Woher wissen Sie das?«

»Du wärst überrascht.«

Michael verschränkte die Arme und hielt den Pokal weiter fest. »Ach wirklich? Lassen Sie hören.«

Der Gepäckträger hockte sich neben Michael und deutete auf den Pokal. »Ich habe das schon Tausende Male gesehen, sogar mit einem ähnlichen Athleten oben auf dem Pokal. Und der Grund ist immer derselbe. Michael, dein Vater ist ein stolzer Mann. Offensichtlich dachte er, wenn du seinen Pokal zu Gesicht bekommst, ändert das dein Bild von ihm.«

Michael befühlte die goldene Figur. Sein Vater hatte oft davon gesprochen, dass er Olympionike geworden wäre, wenn er die Chance dazu gehabt hätte. »Weshalb sollte das mein Bild von ihm ändern? Dann hat er also ein paar Preise gewonnen. Na und? Ich auch.«

Der Gepäckträger lächelte traurig. »Weil er sich unterlegen fühlte, dachte er, du würdest ihn auch so sehen.«

Unterlegen? Michael starrte auf den Namen seines Vaters, der im grellen Licht der Leuchtstoffröhren in Schreibschrift auf der kleinen Plakette prangte. Da huschte ein Lichtblitz darüber und ließ eine Linie auf einer grauen Stelle erscheinen, dann eine zweite und eine dritte – das war ein A! Michael starrte wie gebannt auf die Plakette, während darauf zwei neue Worte erschienen: Achter Platz.

Michael wusste, was das bedeutete, bei einem Rennen, an dem acht Personen teilnahmen.

»Aber mein Vater hat sich nie an Leichtathletik versucht!«

»Wenn du ihn direkt darauf ansprichst, wirst du feststellen, dass das nicht stimmt.«

»Selbst wenn, warum sollte er mir das Ding dann ins Gepäck legen?«

»Dazu kommen wir noch.« Der Gepäckträger nickte in Richtung Koffer.

Michael folgte seinem Blick. Das rote Meer aus Bändern und Rosetten hatte sich geteilt. Darunter lag Papier. Michael schob die Bänder beiseite und entdeckte Dutzende Urkunden, alle mit dem Namen seines Vaters und dem Logo der Serviceton High School. Sie sahen aus wie die Auszeichnungen für seine Kunstwerke, die er jedes Jahr von der Schule mitbrachte. Auszeichnungen, auf die seine Eltern sehr gegensätzlich reagierten: Seine Mutter lobte und ermutigte ihn, sein Vater machte Bemerkungen über die lausigen Berufsaussichten für Künstler.

Aber das hier waren keine solchen Auszeichnungen. Michael blätterte sie durch – Teilnehmerurkunde vom 400-Meter-Lauf, Teilnehmerurkunde vom 1500-Meter-Lauf. Teilgenommen am 110-Meter-Hürdenlauf. Crosslauf – Rennen nicht beendet. Sein Vater hatte alles versucht. Und war überall gescheitert.

Die Erkenntnis leuchtete in alle dunklen Ecken seiner Kindheit.

»Sind die echt?« Er ließ los und die Urkunden segelten zurück in den Koffer.

»Sehr echt. Du hast dieses Gepäck den ganzen Weg hierher mitgeschleppt.«

In Michaels Kopf schien alles in einem wilden Mischmasch zu explodieren: das Holzimitat am Fernseher, die grellen Farben im Raum, die bunt durcheinandergewürfelten Möbel, der klapprige senfgelbe Kühlschrank. Der alte Pokal, den er noch nie zuvor gesehen hatte. Die Teilnahmeurkunden von den gescheiterten Athletik-Versuchen seines Vaters.

Dieser seltsame Typ.

»Wo sind wir hier?«

Der Gepäckträger tippte auf das Schild an seiner Latzhose. »Beim Gepäckservice! Wo sich die Leute um ihr Gepäck kümmern.«

»Gehören Sie zur Fluggesellschaft?«

Der Gepäckträger lachte. »Nein.«

Jetzt war Michael endgültig verwirrt. »Wie können Sie nicht zur Fluggesellschaft gehören und trotzdem meinen Koffer haben?«

»Wir nennen das hier Gepäck.«

»Und wieso habe ich das falsche Gepäck gekriegt?«

Schweigen. Ein Hauch von einem Lächeln unter der blauen Kappe.

Michael ging im Kopf seinen Weg im Flughafen durch. »Ich habe ihn vom Gepäckband genommen ...«

Stille.

»... ohne genau hinzusehen«, beendete Michael den Satz.

Der Gepäckträger schnippte mit den Fingern. »Richtig! Das habt ihr alle getan.«

Ihr alle? »Wie viele Leute sind denn noch hier?«

»Du wärst überrascht.«

»Wen verschlägt es denn sonst so her?«

Der Gepäckträger gähnte und streckte sich ausgiebig. »Jeden.«

»Und der Koffer, den ich mitgebracht habe – der gehört jemand anderem? Haben Sie ihn zurückgegeben? Und was macht derjenige jetzt?«

»Er kümmert sich darum, auf seine Art.«

»Was heißt das?«

»Warum interessierst du dich für Leute, die du überhaupt nicht kennst? Du willst alles darüber wissen, wie die anderen mit ihrem Gepäck umgehen, als ob du eine Ausrede suchst, um dich nicht um dein eigenes kümmern zu müssen. Sich mit seinem Gepäck auseinanderzusetzen, ist schwer. Es herumzutragen, scheint leichter, aber das stimmt nicht und auf lange Sicht kann es einen kaputt machen.« Der Gepäckträger biss sich auf die Lippe, als würde ihm das wirklich zu schaffen machen. »Trotzdem fragst du mich nur nach den anderen und nicht danach, wie du mit deinem Gepäck weiterkommst.«

Michael nahm eine der Urkunden seines Vaters aus dem Koffer und kämpfte gegen die Tränen. Tränen des Schocks, der Wut, des Frusts. »Er meinte immer, ich sei nicht gut genug, außer, wenn ich den ersten Platz geholt hatte. Aber selbst dann fragte er, ob ich nicht noch eine Zehntelsekunde schneller hätte sein können.«

Der Gepäckträger sah ihn aus seinen blauen Augen voller Mitgefühl und einer Spur Wehmut an. »Ich denke, du siehst nun, von wem er wirklich enttäuscht war.«

In diesem Augenblick begriff Michael: Was er mit sich herumschleppte, war nicht die Enttäuschung seines Vaters über ihn. Es war die Enttäuschung seines Vaters über sich selbst.

Der Gepäckträger griff nach dem Pokal. »Dein Vater hat beschlossen, sich nicht um das Gepäck seines geplatzten Traums zu kümmern, sondern es dir aufzubürden. Das ist ziemlich unfair dir gegenüber und ich kann gar nicht in Worte fassen, wie sehr es mir leidtut, dass er dir das angetan hat, aber du bist nicht verpflichtet, sein Gepäck zu tragen.«

Seine Tränen ließen den Raum verschwimmen. »Kein Wunder, dass sein Zeug bei mir im Gepäck landet und nicht bei Scott.« Seit Michael denken konnte, war ihm sein großer Bruder, der Ballsportheld, als leuchtendes Vorbild vor Augen geführt worden.

Der Gepäckträger strich seine Arbeitshose glatt. »In Scotts Gepäck liegt genau dasselbe wie in deinem. Ich werde mit ihm reden müssen, sobald es ihm zu schwer wird. Michael, das Gepäck deines Vaters verbraucht wertvollen Platz in deinem Leben und es zieht dich runter.«

Michael starrte auf den Fußboden.

»Wenn Dads Gepäck Raum in meinem Leben einnimmt, warum trage ich es dann?«

»Das ist eine sehr gute Frage, die nur schwer zu beantworten ist. Zum Teil liegt es daran, dass du gar nicht gemerkt hast, wie es dir zugeschoben worden ist. Weißt du, das Problem ist nicht, dass du Gepäck hast. Jeder von uns hat welches. Das Problem ist, dass es dich daran hindert voranzukommen. Wenn sich dir eine

Chance bietet, hast du nie die Möglichkeit, schnell zu reagieren, weil du dieses Gewicht mitschleifst.« Der Gepäckträger nickte traurig. »Und es ist schon sehr lange da. Wirklich sehr lange. Es tut mir leid, was mit deinem Vater passiert ist. Kennst du den Spruch, dass man sich Freunde aussuchen kann, die Familie aber nicht? Das stimmt tatsächlich. Aber in Bezug auf das Gepäck hast du die Wahl.«

Okay, das klingt doch erst mal positiv. Ich bin nicht gezwungen, es weiterhin zu tragen.

Der nächste Gedanke jagte ihm Angst ein. »Bedeutet das, ich muss meinem Dad alles zurückgeben?« Mit seinem Vater konnte man so schon kaum reden. Das Gespräch über die verpatzte Gelegenheit bei Coach Crosswell würde schwer genug werden. Ihm den Pokal und die Urkunden zurückzugeben, schien schlichtweg unmöglich.

»Nein, du kannst das alles bei mir lassen.«

Michael runzelte die Stirn. »Wer sind Sie wirklich?«

Der junge Mann hob kurz die Kappe und die schwarzen Locken fielen ihm in die Stirn. »Ich bin der Gepäckträger. Ich bin da, um dir mit deinem Gepäck zu helfen.«

Michael sah seufzend auf sein Handy. »Ja, aber zu welchem Zweck? Wegen des Ganzen habe ich den restlichen Termin mit dem Trainer verpasst.«

»Das Stipendium hättest du gerade wegen deines Gepäcks sowieso nicht bekommen. Und zwecklos ist es ganz und gar nicht.«

»Nicht?«

»Nein. Denn abgesehen davon, dass du, wenn du dich heute um dein Gepäck kümmerst, für dein restliches Leben nicht mehr davon belastet wirst … Was wäre, wenn ich dir sage, dass es noch einen anderen Weg gibt, deinen Traum zu verwirklichen? Nicht den deines Vaters. Sondern deinen.«

KAPITEL 23

David stützte den Kopf in die Hände und schaukelte auf dem Sofa vor und zurück. Seine Wut war fort, weggewischt von einem Gefühl, das ihn seit sechs Monaten zu überfallen gedroht hatte. Ein Gefühl, das er ohne diese Wut nicht mehr von sich fernhalten konnte.

Er selbst war der eigentliche Grund für seine Situation.

Ein einzelner Schluchzer formte sich in seiner Kehle und er unterdrückte ihn mit dem kleinen Rest Selbstbeherrschung, den er noch hatte. Die Tür ging auf. Der Gepäckträger sah auf die Schnipsel am Boden und schüttelte den Kopf. »Ich bin erstaunt, wie viele Menschen tatsächlich glauben, das sei der beste Weg, um mit ihrem Gepäck umzugehen.«

David sah sein Gegenüber an, Tränen im Blick, die ihm fremd waren. »Warum passiert das hier?«

Der junge Mann setzte sich neben ihn. »Weil Ihr Gepäck Sie nicht nur runterzieht. Es bringt Sie um. Im wahrsten Sinne des Wortes. Ich habe das schon oft gesehen – Verdauungsprobleme, Kopfschmerzen, schlaflose Nächte«, zählte er an den Fingern auf. »Habe ich recht?«

David starrte auf den Boden, während der Gepäckträger seine gesundheitlichen Probleme benannte, als würde er sie von einer Speisekarte ablesen. Dann beugte er sich zu David herüber. »Ganz zu schweigen von Ihrem Herzen.«

David erstarrte. »Was wissen Sie über mein Herz?«

Der Gepäckträger sah ihn mit seinen blauen Augen voller

Mitgefühl und einer Spur Wehmut an. »Mehr als Sie sich vorstellen können.«

David nahm einen tiefen Atemzug, um die Fassung zu bewahren, und räusperte sich. Dabei vermied er es, den Blick des jungen Mannes zu erwidern. »Wieso muss ausgerechnet mir das passieren?«

»Sie sind verletzt worden. Betrogen. Aber Ihr Gepäck ist nicht die Untreue. Sie benutzen sie, um andere Dinge zu rechtfertigen, die *Sie* tun.«

David verschränkte die Arme. »Zum Beispiel?«

»Zum Beispiel, dass Sie Sharon seit Monaten bestrafen und absichtlich verletzen. Auf dieser Reise vor einigen Monaten, in der Karaokebar, als diese jungen Damen ...«

David fiel die Kinnlade herunter. »Davon wissen Sie?«

»Natürlich. Und Sie dachten, solange Sie wütend sind, ist dieses Verhalten gerechtfertigt. Was dem einen recht ist, ist dem anderen billig, nicht wahr?«

In Davids Kopf herrschte Chaos. Dieser Kerl pickte sich mit chirurgischer Präzision seine Fehler heraus.

»Ich weiß alles, auch von dem Ultimatum, das Sie Ihrer Frau gestern Abend gestellt haben.«

David riss so schnell den Kopf herum, das ein scharfer Schmerz durch einen seiner Halswirbel zuckte. »Aber sie und Jerry ...«

»Ich weiß. Wie gesagt, Sie haben ein Recht darauf, sich hintergangen zu fühlen, aber Sie sind für *Ihr* Verhalten verantwortlich, nicht für ihres.«

»Ich habe alles darangesetzt, gut für meine Familie zu sorgen. Mir wurde das auf die undankbarste Art zurückgezahlt und auf einmal soll *ich* das Problem sein?«

Der Gepäckträger nickte.

»Alles, was ich getan habe, die ganze Arbeit, die Überstunden, das war nur, um sie glücklich zu machen!«

Wieder ein bedächtiges Nicken.

»Sie sagt mir, ich solle nicht so viel arbeiten, aber wir haben scheinbar nie genug Geld ...«

»David, mit Ihrer Ehe ist nicht erst seit sechs Monaten etwas nicht in Ordnung. Sie haben selbst dazu beigetragen, das sollten Sie begreifen, und als Sharon dann ...«

»Moment mal!«

Der Gepäckträger hob abwehrend die Hände. »Ich sage ja nicht, dass Sie im Unrecht sind. Ihre Frau hätte das nicht tun dürfen. Mir tut es im Herzen weh, was Ihnen passiert ist, und ich heiße es überhaupt nicht gut, wie Sharon mit der Distanz zwischen Ihnen umgegangen ist. Ich bin froh, dass sie ihren Fehler eingesteht, aber wissen Sie, ich sehe das immer wieder. Wenn Menschen ohne Vergebungsbereitschaft hierherkommen, sind sie davon überzeugt, einen Freifahrtschein zu haben. Wegen dem, was ihnen angetan worden ist. Was haben Sie in den vergangenen sechs Monaten gemacht? Sie waren damit beschäftigt, Hinweise dafür zu finden, dass die Affäre hinter Ihrem Rücken noch andauert. Haben ihr Handy nach neuen Fotos durchsucht. Haben nachgeforscht, ob sie E-Mail-Konten hat, von denen Sie nichts wissen.«

David stockte der Atem. Genau das hatte er getan.

»Aber Sie haben nichts gefunden, nicht wahr?«

Nicht das Geringste.

»Das liegt daran, dass es wirklich vorbei war, wie sie gesagt hatte, aber der verletzte Teil von Ihnen brauchte den Glauben daran, dass die Affäre andauert.« Der Gepäckträger streckte die Beine aus. »Und trotzdem suchen Sie weiter. Ich möchte Sie etwas fragen: Hilft Ihnen das?«

David erschauderte. Der Gepäckträger hatte recht. Es half ihm ganz und gar nicht. Es gab ihm vielleicht das Gefühl, im Recht zu sein, aber seine Ehe – und mit ihr sein Leben – litten darunter.

»Glauben Sie wirklich nicht, dass die Signale Ihres Körpers etwas mit alldem zu tun haben könnten?«

»Hören Sie ...«

»Wann haben diese Beschwerden denn angefangen?«

David presste die Lippen zusammen, bevor ihm die Antwort entwischen konnte. Vor sechs Monaten. Als sein Verdacht ihn dazu getrieben hatte, Sharons Handy zu kontrollieren, während sie in der Dusche war.

»Haben Sie sich nie gefragt, warum Ihr gesundheitlicher Zustand sich so verschlechtert hat?«

Er hatte das Ganze auf seinen beruflichen Stress geschoben.

»Und dann die Situation auf der Arbeit. Waren Sie ein guter Vorgesetzter im vergangenen halben Jahr?«

Vor seinem inneren Auge tauchten die Gesichter der Teammitglieder auf, die wegen seiner Wutausbrüche gekündigt hatten – die guten Verkäufer, die für das Rekordjahr verantwortlich gewesen waren. Geblieben waren die Wenigkönner, die Minderleister, die wussten, dass sie nirgendwo anders einen Job finden würden.

Der Gepäckträger beugte sich vor und sagte in fast verschwörerischem Tonfall: »Das liegt alles daran, dass Sie sich weigern, ihr zu vergeben.«

David konnte den Mann, der mit Röntgenblick in seine Seele eindrang, nicht ansehen. »Ach ja? Bis vor einer halben Stunde wusste ich doch noch nicht mal, dass sich diese Sachen im Koffer befinden.«

»Nun, jetzt wissen Sie es und Sie haben eine Entscheidung zu treffen.«

David sah in den offen stehenden Koffer. Jerrys Poloshirt. Die Tickets, die Bons und das Foto. Durch Zauberhand wieder zusammengesetzt. Er schürzte die Lippen. »Und Sharon? Was ist mit ihr?«

Der Gepäckträger lächelte. »Sie haben mir nicht richtig zugehört. Sharon ist selbstverständlich für ihr Verhalten verantwortlich. Irgendwann werden sie und ich eine Unterhaltung führen, die ihr nicht gefallen wird, und sie wird sich der Tatsache stellen müssen, wie sehr sie Sie verletzt hat. Aber das entlässt Sie nicht aus der Verantwortung, sich hier und jetzt mit Ihrem Gepäck auseinanderzusetzen.«

Entschlossenheit reifte in David. Sharon kam also nicht ungeschoren davon. Gut. »Ich kann die Sachen offensichtlich nicht zerreißen oder in den Müll werfen. Was sind meine Optionen?«

»Die Sache ist ziemlich einfach. Sie können beschließen, Ihr Gepäck weiter mit sich herumzutragen, oder Sie lassen es bei mir.«

»Ich kann den Koffer nicht bei Ihnen lassen; da sind meine ganzen Finanzberichte drin ...«

Der Gepäckträger schüttelte schmunzelnd den Kopf. »Wieso begreifen Sie das nicht? Und hören Sie auf, es Koffer zu nennen. Es ist Gepäck. Sie haben eine einfache Entscheidung zu treffen. Lassen Sie Ihr Gepäck bei mir oder tragen Sie es weiter durch die Gegend.«

Das Gepäck hierzulassen, schien so einfach. Dieser Typ hatte recht; was David da tat, funktionierte nicht. Er musste nur in den Koffer greifen ...

Er sah auf das Poloshirt und das Foto. Seine Frau, im Moment eingefangen, strahlend und sorgenfrei. Glücklich. Mit einem anderen Mann.

Tick, tick, tick, tick.

Der Gepäckträger beobachtete ihn aufmerksam. »Wo sitzt der Schmerz wirklich, David? Sie sind wütend, aber warum?«

Davids Gedanken rasten. Es lag doch auf der Hand, aber die Worte wollten nicht kommen. Er war wütend, weil ... weil ...

Tick, tick, tick, tick.

Die Antwort offenbarte sich in einem Augenblick absoluter Klarheit. Das Ticken des Weckers wurde langsamer und langsamer, bis es schließlich aussetzte. Ihn traf eine unwillkommene Erkenntnis: Er war wütend, weil er wusste, dass er selbst zu dem Konflikt beigetragen hatte, so klein dieser Anteil auch gewesen sein mochte. In dem Drang, für seine Familie sorgen zu wollen, hatte er zugelassen, dass er und seine Frau auseinanderdrifteten.

Der Gepäckträger lächelte. »Ich sage nicht, dass Sie so weitermachen sollen, als wäre nichts passiert. Aber Sie haben einen wichtigen ersten Schritt auf die Entscheidung zugetan.«

Das bittere Gefühl von Ungerechtigkeit schwemmte den Gedanken fort. »Warum werde ich vor diese Entscheidung gestellt? *Sie* muss dafür bezahlen, nicht ich. Ich bin schließlich unserem Eheversprechen treu geblieben.« Er griff nach den Restaurantbelegen und fächerte sie auf. »Könnte sein, dass ich die hier noch brauche, wenn ich nach Hause komme.«

Die Miene des Gepäckträgers verfinsterte sich. Sein Handy klingelte. »Wenn Sie Ihren Ärger an jemandem auslassen wollen, der für die Sache verantwortlich ist, da drüben ist ein Spiegel. Dort sollten Sie anfangen. Ich gebe Ihnen noch einen kurzen Augenblick Zeit, dann bin ich wieder da.« Er stand auf, strich seine Latzhose glatt und verließ mit dieser vermaledeiten vertrauten Melodie auf den Lippen den Warteraum.

Druck und Schuldgefühle stürmten von allen Seiten auf David ein und fesselten ihn ans Sofa. Er konnte sich nicht rühren. Da fiel ihm endlich ein, welches Lied es war. Für jemanden, dessen Tochter wie besessen von *Die Eiskönigin* war, hätte er viel schneller daraufkommen müssen, so oft, wie der Song aus den Lautsprechern im Auto getönt und seine Tochter vom Rücksitz aus lautstark mitgeträllert hatte.

Das Lied, das der Gepäckträger gepfiffen hatte, war »Lass jetzt los!«.

Davids Schultern sackten nach unten und er hörte auf, sich gegen die Tränen zu wehren.

KAPITEL 24

Gillian erstarrte. »Wir sind noch nicht fertig?«

Der Gepäckträger nickte in Richtung Koffer. »Wir haben uns deinen Blick auf die Welt angeschaut. Jetzt müssen wir etwas dagegen tun, wie du dich selbst siehst.«

Nervosität brachte Gillians Sprachzentrum zum Stillstand. Sie wollte nach dem silbernen Spiegel greifen. »O…kay.«

Er war nicht mehr da. Es lag zwar ein Spiegel im Koffer, aber er war nicht silbern. Dieser hatte einen klobigen, schweren schwarzen Rahmen.

»Was ist mit dem Silberspiegel passiert?«

»Der Spiegel war nie silbern. Du siehst die Welt jetzt so, wie sie ist. Er sah immer so aus.«

Gillian legte zögernd die Finger um den dicken Griff und hielt die spiegelnde Seite noch einen Moment länger von sich weg. Dann drehte sie ihn langsam um.

Das Bild, das sich ihr bot, war wellig und verzerrt wie im Spiegelkabinett eines Freizeitparks. Wie gewohnt hätte sie es vermieden, sich selbst anzusehen, aber der Spiegel zog sie auf unerklärliche Weise in seinen Bann. Sie wagte einen kurzen Blick. An ihrem katastrophalen Erscheinungsbild hatte sich nichts geändert. Da begriff sie. So sah sie zwar im Spiegel aus, aber das lag an der Verzerrung.

Gillian hielt ihn wieder weit von sich. »Ich sehe aus wie immer.«

»Aber jetzt weißt du, dass der Spiegel die Wirklichkeit verfälscht.« In den Augen des Gepäckträgers funkelte Mitgefühl.

»Wieso fällt es dir so schwer, dich so zu sehen, wie du bist? Kannst du nicht glauben, dass das die echte Gillian ist?«

»Wie viele Leute sehen sich denn so?«

»Du wechselst das Thema. Das hast du im Laufe der Jahre wirklich perfektioniert. Aber die Antwort ist, du wärst überrascht, wie viele das betrifft. Eins der verräterischsten Anzeichen ist, wenn jemand andauernd die Aufmerksamkeit auf sich lenkt, um Lob einzuheimsen.«

Die Andeutung hing zwischen ihnen in der Luft. Gillian verstand, wovon er sprach. Oder besser gesagt, von wem. »Becky.«

»Genau. Du hast dich dein Leben lang mit ihr verglichen und, weil du so sehr Becky sein wolltest, nie bemerkt, dass die meiste Zeit noch nicht mal deine Schwester selbst Becky sein will.«

Gillian drehte den Spiegel in den Händen hin und her. Noch einmal sah sie ihr Spiegelbild an. Und dann begriff sie es. Der Spiegel, in dem sie sich immer betrachtet hatte, war defekt. »Wieso tun wir uns das an?«

»Darauf gibt es wohl keine einfache Antwort. Vielleicht ist es ein Urantrieb des Kampfes ums Überleben. Vielleicht aber auch das clevere Marketing des einundzwanzigsten Jahrhunderts von Werbehaien mit Zweihundert-Dollar-Frisuren und Gucci-Tretern. Auf jeden Fall gibt es sehr viele von euch, die ihr wahres Ich nicht sehen wollen.«

Eine Frage, die Gillian seit Jahren tief in ihrem Inneren weggeschlossen hatte, befreite sich und drängte an die Oberfläche: »Was ist mein wahres Ich? Wer bin ich wirklich?«

Der Gepäckträger deutete auf den großen Spiegel im Mahagonirahmen an der Wand. »Schau da rein.«

Eine ihrer ältesten Ängste schnürte ihr die Kehle zu. »Ich will mein wahres Ich nicht sehen.«

Der Gepäckträger sah sie aus seinen blauen Augen voller Mitgefühl und einer Spur Wehmut an. »Warum nicht?«

Die Antwort war Teil ihrer Identität. Sie tröstete sie, gab ihr jedoch auch ein Gefühl des Eingesperrtseins, das ihr Leben bestimmte. »Weil es sich nicht lohnt, mich anzusehen«, flüsterte Gillian.

Dem Gepäckträger lief eine Träne über die Wange. »Du bist es sehr wohl wert. Es hat seinen Grund, dass du auf dieser Welt bist! Deine spezielle Kombination aus Talenten, Fähigkeiten und persönlichen Eigenschaften ist kein Zufall. Die ständigen Vergleiche gehen allesamt an dem vorbei, was dich ausmacht. Du solltest nicht jemand anders sein. Du bist Gillian.« Er stand auf. »Verstehst du das nicht? Das ist dein Problem! Weil du so schlecht von dir denkst, siehst du die anderen als besser an, als sie sind. Damit rechtfertigst du deine Sicht auf sie.« Er sah sie eindringlich an. »Dabei ist sie falsch«, fügte er leise hinzu.

Gillian verspürte den Impuls, ihn anzufahren, aber der Gepäckträger sprach schnell weiter: »Das hat dich schon immer sehr beeinträchtigt und das wird so bleiben – bis du beschließt, daran etwas zu ändern.«

»Aber es stimmt doch«, insistierte sie. »Die anderen *sind* besser als ich.« Sie hörte selbst, wie trotzig sie klang. Aber sie hatte nun mal jahrzehntelang diese Erfahrung gemacht; das konnte er doch nicht einfach abtun!

»Wer sagt denn, dass das, was sie der Welt zeigen, die Realität ist? Sie verbringen ihr Leben mit der Frage, ob sie mit dem mithalten können, was alle anderen tun. Nimm Becky zum Beispiel ...«

Gillian schnaubte. »Meine Schwester braucht sich diese Frage nicht zu stellen. Wenn ich ihr Leben leben könnte …«

»Warum solltest du?« Der Gepäckträger warf frustriert die Hände in die Luft.

Gillian musste nicht lange nachdenken, die Antworten darauf waren Teil eines altvertrauten inneren Monologs. »Na ja, sie sieht superhübsch aus. Sie ist reich, weil sie mit einem Mann verheiratet ist, der einen Haufen Geld verdient ...« Je länger sie redete, desto leichter kamen ihr die Worte über die Lippen. »Ihre Tochter heiratet. Und sie hat viele gute Kontakte in ihrem Freundeskreis ...«

Der Gepäckträger legte den Kopf schief. »Alles Dinge, von denen sie will, dass du sie siehst. Aber hast du sie je gefragt, wie es ihr hinter dieser Fassade geht?«

Am Telefon hatten Becky und sie schon öfter erfolglos versucht, ehrlich miteinander zu reden, aber die Gespräche waren immer ins Oberflächliche abgedriftet. Ihre Schwester war sehr gut darin, die Dinge schönzufärben und das Gespräch auf Themen zu lenken, zu denen sie viel zu sagen hatte. Auf ungefährliche Themen.

»Ich habe es versucht, aber sie erzählt dann gleich wieder, was sie gekauft oder Tolles unternommen hat.«

Der Gepäckträger kratzte sich am Kinn. »Und was ist deiner Meinung nach der Grund dafür?«

Wie der erste Lichtstreif bei Sonnenaufgang dämmerte Gillian die Antwort. Sie dachte an den Button, den ihre Schwester am Flughafen getragen hatte. Becky tat so, als ginge es ihr nicht um Aufmerksamkeit, aber in Wahrheit setzte sie alles daran, Beachtung zu finden.

»Darf ich dir einen Einblick in das Leben deiner Schwester geben, der dir vielleicht helfen könnte?«, fragte der Gepäckträger und beugte sich vor. »Sie hat nämlich eine Riesenangst davor, dass jemand ihr wahres Ich sehen könnte.«

»Aber Becky ist doch so was wie Superwoman ...«

»Sie will, dass du so denkst, aber ich habe schon so viele Leute gesehen, die den Umhang nicht deshalb tragen, weil sie mit ihm fliegen könnten, sondern weil sie damit wie ein Held aussehen.«

Wie die letzten Teile eines Puzzles setzte sich Beckys Leben für Gillian zusammen. Ihre ständige Betonung, wie beschäftigt sie sei. Das Auto, das immer neuer sein musste als das von allen anderen. Ein Mann, dessen Erfolge alles waren, was sie von ihm erzählte.

»Außerdem«, sagte der Gepäckträger, »kann man unter dem Umhang wunderbar verstecken, was man so mit sich herumschleppt.«

Der Streif war jetzt zu einem breiten Lichtstrahl geworden. Alles an ihrer Schwester ergab plötzlich Sinn und zum ersten Mal seit Ewigkeiten sah Gillian nicht mehr voller Staunen zu ihr auf.

»Aber genug über Becky«, sagte der Gepäckträger. »Zurück zu dir. Was würde Rick tun, wenn er mit Becky verheiratet wäre?«

Gillian musste lachen. Darüber hatten Rick und sie schon oft Scherze gemacht und seine Antwort war immer dieselbe gewesen. »Er würde in seinem Schuppen verschwinden und nie wieder auftauchen.«

In den durchdringenden Augen des jungen Mannes funkelte es. »Liebst du Rick?«

»Von ganzem Herzen.«

Der Gepäckträger sah sie voller Mitgefühl und einer Spur Wehmut an. »Warum willst du dann jemand sein, der den Mann, den du liebst, vertreiben würde?«

Es war, als hätte er das große Ganze vor ihr ausgebreitet: ihr Leben, ihre Schwester, ihre Familie. Das Licht schien in die Ecken, die Gillian viele Jahre dunkel gehalten hatte. Langsam begann der eiserne Griff ihres mangelnden Selbstbewusstseins sich zu lockern.

»Deine Familie will, dass du dein wahres Ich siehst. Rick will, dass du dein wahres Ich siehst. Und ich ebenso.« Er stand auf und streckte ihr die Hand hin.

Gillian sah an ihm vorbei zum großen Wandspiegel. Er war nur wenige Meter entfernt, aber sie musste kilometerlangen emotionalen Treibsand überwinden, der auch noch mit Farngestrüpp und Dornen bedeckt war.

»Kommst du, Gillian?«

Ihre Selbstverachtung versuchte sie zum letzten Mal davon zu überzeugen, dass ein Blick in den Spiegel das Letzte war, was sie jetzt brauchte, aber Gillian holte tief Luft und ergriff die Hand des Gepäckträgers. Sie war warm.

Sein Lächeln wurde breiter.

Gillians Beine fühlten sich an wie Pudding, als sie die wenigen

Schritte zum Spiegel machte. Dann stand sie davor und starrte zu Boden.

Der Gepäckträger stellte sich neben sie. Seine Fingerspitzen trommelten gegeneinander, immer schneller und schneller, wie die eines aufgeregten Kindes an Heiligabend.

Gillian atmete tief ein und zwang sich, ihren Blick vom Teppich bis zum Spiegelbild ihrer Füße zu heben. Ihre Schuhe sahen anders aus, nicht mehr so abgewetzt. Ihr Blick wanderte langsam hinauf, bis sie schließlich ihr Gesicht und sich selbst in die Augen sah.

»Oh.«

KAPITEL 25

Ein anderer Weg? Um Künstler zu werden? Michaels Verstand wälzte die verschiedenen Möglichkeiten, bevor sie von einer altbekannten Schwere geschluckt wurden. *Und wenn ich nicht das Zeug dazu habe?*

Der Gepäckträger schmunzelte. »Wieso glaubst du, dass du nicht das Zeug dazu hast? Du weißt doch noch nicht einmal, wie der Weg aussieht.«

Michaels Blick schnellte zu dem jungen Mann. »Woher wissen Sie, was ich denke?«

Er tippte sich an die Kappe. »Weil ich der Gepäckträger bin.«

»Okay, das ist wohl Ihre Standardantwort auf alles?! Was ist also dieser andere Weg?«

Der Gepäckträger sah Michael aus seinen blauen Augen voller Mitgefühl und einer Spur Wehmut an. »Bevor wir darauf kommen, sollten wir darüber reden, wieso du nicht glaubst, einer Chance gewachsen zu sein, wenn du noch überhaupt nichts darüber weißt.«

Michael runzelte die Stirn und kaute auf seiner Unterlippe. »Na ja ... ich denke einfach, dass ...« Die Worte in seinem Kopf rempelten einander an und drängelten, um in die richtige Reihenfolge zu kommen, aber dann verharrten sie in der Startaufstellung.

Der Gepäckträger lehnte sich vor. »Versuch nicht, die richtigen Worte zu finden. Sag es einfach.«

Ein Druckventil in Michael, das seit Jahren klemmte, platzte und ein ehrlicher Gedanke schoss ihm ungefiltert aus dem Mund:

»Weil ich mein ganzes Leben lang zu hören bekommen habe, dass ich eine Null bin, also muss da was dran sein.«

Der Satz schmerzte und kitzelte zugleich in Michaels Ohren. Endlich hatte er etwas herausgelassen, was seit Ewigkeiten in ihm gefangen gewesen war, aber es zum ersten Mal laut zu hören, löste neben der Erleichterung auch ein Taubheitsgefühl aus. Die Stimme war frei, aber noch immer im selben Raum.

»Wow, das klingt hart. Aber wenn ich das sagen darf: Deine Kunstwerke sprechen eine andere Sprache.«

»Das ist nur Kunst«, wich Michael dem Lob aus. »Nichts, was irgendwie nützlich wäre oder als Basis für eine Karriere taugt.«

»Jetzt klingst du wie dein Vater.«

Er hatte recht. In Michaels Kopf hatten Aussagen wie diese immer die Stimme seines Vaters.

»Darf ich dich was fragen? Was weiß dein Vater über Kunst?«

Michael lachte leise. »Nicht viel.« Er setzte zu einer fast perfekten Imitation seines Vaters an: *»Mit deinen Bleistiften kannst du keine Miete bezahlen, Junge.«*

Der Gepäckträger nickte und tippte sich mit dem Zeigefinger gegen den Mund. »Dann kann dein Vater dein Talent nicht wirklich beurteilen, oder?«

Die Mauer, die sein Selbstwertgefühl umgab, bekam einen Riss.

»Du hast gesagt, dein Vater hat einen Baumarkt.«

»Jep.«

»Wie lange arbeitet er schon da?«

»Zu lange. Sagt er selbst.«

»Und warum lässt du dir von jemandem in deine Berufswahl reinreden, der mit seinen eigenen Entscheidungen so unglücklich ist?«

Michael sank auf das Sofa. Der Typ hatte recht.

»Eins solltest du verstehen«, sagte sein Gegenüber und deutete auf den offenen Koffer. »Du siehst dich selbst durch die Augen deines Vaters. Aber seine Sicht beruht darauf, wie er sich selbst sieht. Jeden Tag sah er eine Enttäuschung im Spiegel, und als du dann auf der Welt warst, hat er nur das weitergegeben, was er kannte.«

»Ich dachte immer, Dad wäre der Meinung, ich sei für nichts gut genug«, flüsterte Michael.

»Das darfst du nicht glauben!« Der Gepäckträger wurde rot vor Zorn. »Der Grund ist, dass *er* immer das Gefühl hatte, nicht gut genug zu sein. Und jetzt steht es *dir* im Weg und hindert dich daran voranzukommen.«

Die Angst, die normalerweise in Michael aufstieg, wenn ihn der Ärger von jemandem traf, blieb aus. Stattdessen fühlte er etwas anderes. Trost. Das Gefühl, beschützt zu werden. Jemand setzte sich für ihn ein.

Die Wut des Gepäckträgers schien so schnell verflogen zu sein, wie sie gekommen war. Stattdessen bedachte er Michael nun wieder mit diesem mitfühlenden, wehmütigen Blick aus betrübten blauen Augen. »Willst du weiterhin dieses Gepäck überall mit hinschleppen, das dich davon abhält, die Chancen in deinem Leben zu nutzen?«

»Nein, natürlich nicht, aber was soll ich damit machen? Es Ihnen geben?«

»Gern.« Der Gepäckträger lächelte ihn ermutigend an.

»Muss ich die Sachen nicht eigentlich meinem Dad geben?«

»Nein, darum kümmere ich mich schon, aber wenn du ein für alle Mal damit fertig werden willst, dann musst du dich so annehmen, wie du bist.«

Michaels Blick folgte dem Finger des Gepäckträgers zum Poster an der Wand. »Du bist du. Gewöhn dich dran.«

»Okay, hab's verstanden.« Michael nickte in Richtung Koffer. »Nehmen Sie es.«

»Nein.« Der Gepäckträger kreuzte die Arme vor der Brust.

»Augenblick! Eben haben Sie doch behauptet, ich könne es hierlassen ...«

»Das habe ich nicht gesagt. Ich meinte, du sollst mir dein Gepäck geben. Es ist ein himmelweiter Unterschied, ob du es mir gibst oder mich bittest, es zu nehmen.«

Michael winkte ab. »Das ist doch Erbsenzählerei.«

Der Gepäckträger lehnte sich vor, stützte sich auf den Ellbogen ab und legte die Fingerspitzen aneinander. »Oh nein, es ist weit mehr. Das ist genau der Punkt, bei dem es immer zu Missverständnissen kommt. Wenn du mir dein Gepäck gibst, dann ist das ein willentlicher Akt. Du reichst es mir und dann kommt der wichtigste Teil: Du musst es loslassen.«

»Okay, okay.« Michael griff sich den Pokal aus dem Koffer. Ein letztes Mal sah er auf die kleine Plakette und hielt ihn dann dem Gepäckträger hin, der ihn fast gerührt an sich nahm. Michael raffte die ganzen Bänder und Urkunden zusammen und ließ sie in die Arme des Gepäckträgers fallen.

Sofort entspannten sich Michaels Schultern – der ständige Druck, an den er sich schon gewöhnt hatte, fiel von ihm ab. »Ich fühle mich ... anders.«

Doch der Gepäckträger wirkte ein wenig bedrückt. »Wir sind noch nicht fertig«, sagte er und wies auf den Koffer.

KAPITEL 26

In David tobte eine regelrechte Schlacht. Sein rationales Selbst kämpfte verbissen und berief sich auf eine unabdingbare Tatsache: Das hier – was auch immer es war – war völlig verrückt. Sein emotionales Selbst – das so oft nur die zweite Geige spielte – wagte sich vor und stellte fest, dass dieser seltsame junge Mann vom Gepäckservice nicht ganz unrecht hatte. Er hatte wirklich zu viel gearbeitet. Er war nicht da gewesen. Während er sich ein Bein ausgerissen hatte, um seiner Frau und seiner Tochter alles zu bieten, was sie glücklich machte, hatte er vergessen, was sie wirklich brauchten – ihn.

Aber was für eine Wahl hatte er denn? Wenn er entlassen wurde, würde er seine Familie so oder so verlieren.

Sein rationales Selbst trug den Sieg davon. Gepäck war an sich eine sehr einfache Sache. Man packte es vor einer Reise, packte es hinterher wieder aus und verstaute es bis zum nächsten Mal im Schrank. Er würde sich jetzt damit auseinandersetzen und es dann wegpacken. Das war der einzige Weg hier raus: Er musste die Sachen abgeben und zurück ins Büro. Darüber, wie sie in den Koffer gelangt waren, konnte er sich später immer noch den Kopf zerbrechen. David sah entschlossen zum Koffer. Er würde das hier hinter sich bringen und sich dann endlich auf den Weg machen.

Der Gepäckträger betrat den Raum, immer noch oder schon wieder die Melodie von »Lass jetzt los« pfeifend.

»Sehr witzig«, stichelte David.

»Ich finde es eher zutreffend als witzig«, erwiderte der Gepäckträger. »Aber wie dem auch sei. Was wollen Sie nun machen?« Die kristallklaren blauen Augen, über denen eine dicke dunkle Locke tanzte, bohrten sich in Davids Seele.

Er sah auf sein Handy. Noch zwanzig Minuten bis zur Präsentation. Das war gerade noch so zu schaffen.

»Ich habe meine Entscheidung getroffen.« David stand auf. »Alles zu zerreißen, hat ja nichts gebracht. Keine Ahnung, wie Ihr Team das geschafft hat, das Zeug wieder in den Koffer zu bekommen. Super Trick, eine echte Copperfield-Nummer.«

»Das war kein Trick«, antwortete der Gepäckträger mit finsterer Miene. »Es ist passiert, weil dahinter keine Entscheidung stand. Das war nur Vermeidungsverhalten. Sie können die Sachen nicht einfach wegwerfen, vergessen und hoffen, dass die Situation schon irgendwie besser werden wird. Gut, dass Sie hier drin keine Möglichkeit hatten, Ihr Gepäck zu vergraben. Ich habe erst kürzlich wieder erlebt, wie jemand das versucht hat, und dann tauchte es plötzlich aus dem Boden wieder auf. Der arme Kerl ist beinahe ohnmächtig geworden vor Schreck.«

Neunzehn Minuten. »Sie haben übrigens recht. Ich habe das ganze Jahr gearbeitet wie ein Ochse und ich weiß jetzt, dass das wohl ein wenig zu unseren Problemen beigetragen hat.«

Der Gepäckträger schien sichtlich erfreut. »Wie schön, dass Sie das allmählich begreifen. Ich erwarte nicht, dass Sie jetzt auf der Stelle alles hinter sich lassen. Es braucht seine Zeit und Sie verdienen diese Zeit, um zu heilen. Vergebung ist kein Spaziergang, aber Sie müssen wenigstens den ersten Schritt tun. Sie müssen mir Ihr Gepäck geben und dann ...«

David tauchte mit beiden Händen in seinen Koffer und holte die Dinge hervor, die sich innerhalb einer Dreiviertelstunde aus dem Nichts heraus zum größten Stolperstein seines Lebens entwickelt hatten. »Hier, nehmen Sie!«

Der Gepäckträger ging an David vorbei und setzte sich auf die Sofakante. »Ich merke, dass Sie es nicht ernst meinen. Wollen Sie sich *wirklich* mit Ihrem Gepäck befassen und vorankommen?«

David presste zwei Finger an seine Nasenwurzel; er hörte sein Herz in den Ohren pochen. Achtzehn Minuten. »Sie haben mich gebeten, Ihnen die Sachen zu geben, und genau das tue ich. Natürlich meine ich es ernst.«

Der Gepäckträger legte den Kopf schief und sah David prüfend an. Dann nickte er. »Das Gepäck abzugeben, ist erst der Anfang. Es gibt nur einen Weg, um zu sehen, ob Sie es ernst meinen.«

»Sie haben gesagt ...«

»Ja, ich habe gesagt, dass Sie sich um Ihr Gepäck kümmern müssen. Dann machen wir das jetzt, ein für alle Mal, in Ordnung?« Der Gepäckträger stand auf und schob David zum großen Spiegel an der gegenüberliegenden Wand.

Was sollte das denn jetzt? David stand vor seinem Spiegelbild, das Poloshirt, die Tickets, die Restaurantbelege und das Foto in den Händen.

Der Gepäckträger blieb neben ihm und schaute Davids Spiegelbild an. »Sie kennen bestimmt den Ausdruck ›vergeben und vergessen‹. Vergebung ist nicht, einfach das zu vergessen, was war. Es ist viel mehr als das und auf eine gewisse Art zugleich so viel weniger.«

Die Füße von Davids Spiegelbild verblassten und wurden von grauem Rauschen ersetzt, das sich von dort über den gesamten Spiegel ausbreitete und es schließlich ganz schluckte.

Schockiert wandte David sich dem Gepäckträger zu. »Was ...?«

»Sehen Sie hin.«

In der Mitte des Spiegels wechselte das aggressive, fast schwarze Grau zu einem helleren Ton. Der Bereich wuchs nach oben und unten, bis er die Silhouette einer Person ergab. Dann tauchten von unten her die ersten Farbtupfer auf. Leuchtendes Pink. Dann Haut. Lackierte Zehennägel lugten aus Damensandalen hervor.

David beobachtete fasziniert, wie schlanke Beine auftauchten, die in einer weißen Leinenhose steckten.

Ein Kribbeln lief seine Wirbelsäule entlang bis hinauf zu

seinem Nacken. Diese Beine hatten ihm schon vor Jahren den Atem geraubt. Darüber tauchte eine petrolfarbene Bluse auf, an die David sich sofort erinnerte, er selbst hatte sie vor drei Jahren gekauft.

David stand der Mund offen. »Aber wie ...?«

»Sehen Sie hin.«

Sharons Gesicht füllte sich mit Farbe, ihre langen braunen Locken kringelten sich um ihre Wangen. David stand Auge in Auge mit seiner Frau. Sie sahen einander fragend und schweigend an, zum ersten Mal seit langer Zeit.

Sharon zog die Mundwinkel nach unten und kämpfte mit Tränen. Als sie den Mund bewegte, drang mit einem Dunsthauch ein Flüstern aus dem Spiegel: »Es tut mir so unendlich leid.«

David hatte diese Worte schon einmal gehört. Sie brachte sie mit derselben Ernsthaftigkeit hervor wie damals, als sie zum ersten Mal versucht hatte, ihn um Verzeihung zu bitten. Er war wütend davongestürmt. Danach hatte Sharons Offenheit nachgelassen.

Die Stimme des Gepäckträgers holte ihn in die Gegenwart zurück: »Sie bittet Sie um Vergebung. Vergeben Sie ihr?«

David starrte in den Spiegel. Die schützende Mauer um sein Herz ließ sich nicht von einem Moment auf den anderen abtragen. Noch war er sicher dahinter. »Sie hat alles kaputt gemacht. Während ich ...«

»Ich weiß. Ich weiß ... aber Sie müssen das loslassen.«

Davids emotionale Seite wollte erneut das Ruder übernehmen. Natürlich versuchte er schon lange, diese Sache hinter sich zu lassen, aber irgendetwas hielt ihn immer auf. Jedes Mal. Der Gedanke an Situationen, über die er fast nichts wusste, die ihm die Fantasie jedoch in wütenden Farben vor sein inneres Auge malte. Er sah auf seine Füße. Zum Koffer. Auf das Poloshirt mit den rosafarbenen Lippenstiftspuren. Sein Zorn drohte wieder die Oberhand zu gewinnen.

»Ich kann nicht. Nach allem, was ich für sie getan habe ...«

Tränen sprudelten an die Oberfläche und setzten seiner Schutzmauer weiter zu. Er versuchte, sie zurückzudrängen, sie wieder tief in seinem Innern einzuschnüren.

Die Stimme des Gepäckträgers schien über ihm zu schweben: »Vergebung heißt, irgendwo anzufangen. Versuchen wir es mit ein paar einfachen Worten. Worten, die Sie nach unten gedrückt haben. Weit nach unten.«

Aber diese Worte wollten nicht hervorkommen. Ein gewaltiger Druck presste von innen gegen Davids Brustkorb.

»Was geschehen ist, ist geschehen. Aber was nicht geschehen muss, ist der Schmerz, den Sie sich selbst zufügen.«

Sein Verteidigungswall bekam einen Riss und ein kleiner Lichtstrahl drang hindurch. Der Gedanke, seiner Frau zu vergeben, schlüpfte in seinen Kopf und setzte sich dort fest. Die Anspannung in seinem Körper begann sich zu lösen.

Eine Hand legte sich auf seine Schulter. »Lassen Sie los.«

David schloss die Augen und spürte der Wärme in seiner Brust nach, die er schon seit Jahren nicht mehr empfunden hatte.

»Es geht hier um Vertrauen, David. Sie können die Angelegenheit überwinden. Dafür werden viele Gespräche mit Sharon nötig sein, aber Sie können nicht anfangen, wenn Sie sie nicht annehmen.«

Ein letztes Mal begehrte die Wut in ihm auf, um sich dann geschlagen zu geben. »Ich glaube, ich vergebe ihr.«

Wärme breitete sich in ihm aus. Mit einem ungewohnten Gefühl der Leichtigkeit öffnete er die Augen. Sharon im Spiegel liefen die Tränen übers Gesicht.

»Worte haben Macht«, sagte der Gepäckträger und David hörte eine Spur Strenge in seiner Stimme. »*Glauben* Sie, ihr zu vergeben, oder vergeben Sie ihr?«

Er konnte ihr vergeben. Es würde eine Zeit dauern, bis er ihr wieder vertrauen konnte, aber er war bereit, es zu versuchen.

Sharon im Spiegel lächelte. Dasselbe schiefe Lächeln, das ihn vor zehn Jahren quer durchs Restaurant fasziniert hatte. Dasselbe schiefe Lächeln, das *Ja, ich will* sagte. Dasselbe Lächeln, das seit sechs Monaten verschwunden war.

»Um wirklich zu vergeben, muss man den Schmerz überwinden. Und wieder neu vertrauen lernen.«

David erwiderte Sharons Lächeln, zum ersten Mal seit Langem. Sharons Lippen verzogen sich zu einem noch breiteren Strahlen. Dann fingen sie an zu knistern und zu zischeln. Ihre Farbe wurde zu leuchtendem Pink, dem Farbton, den sie sich für besondere Anlässe aufhob.

Ein kleiner, störender Gedanke meldete sich.

Sharon im Spiegel sah kurz zu dem Poloshirt in Davids Händen und er folgte ihrem Blick. Das leuchtende Pink am Kragen ...

Wie von einer riesigen Turbine angetrieben erwachte sein Groll wieder zum Leben.

Sharon erwiderte seinen Blick. Dieses schiefe Lächeln ...

Der Schmerz über ihren Betrug brach wie eine Welle über ihn herein. Sein Atem wurde flach und seine Wut wuchs rasend schnell. Das bittere Misstrauen, das er immer wieder heruntergewürgt oder mit Magensäuretabletten bekämpft hatte, kehrte mit aller Macht zurück.

Ich wusste, dass es noch nicht vorbei ist!

Sharons Lächeln erstarb und sie hob fragend die Hände, als wolle sie fragen: *Was kann ich denn noch tun?*

»Sie müssen es wagen zu vertrauen, David«, hörte er den Gepäckträger über den Lärm in seinem Kopf hinweg sagen. »Nicht um Sharons willen, sondern um Ihretwillen.«

David hatte das Gefühl, seine Rippen würden aneinander reiben. Er holte tief Luft. Sein Magen zog sich auf die vertraute Art zusammen. »Das ist nicht fair!«

Die Stimme des Gepäckträgers bebte: »Ich weiß. Aber dass sie nicht zu vergeben bereit sind, bringt Sie noch um. Es frisst sie bei lebendigem Leib auf, dabei weiß ich, dass Sie das können. Sie *können* Ihrer Frau vergeben.«

David erschauderte und kniff die Augen zu. Nein, er konnte es nicht.

»Ihr Schmerz war doch schon dabei abzuklingen. Erinnern Sie sich daran, wie Sie sich gefühlt haben ...«

David atmete schwer. »Ich weiß genau, wie ich mich gefühlt habe! Verraten. Benutzt.«

»Aber, David ...«

Die Wut hüllte ihn ein wie eine Feuerwand. Sechs Monate Schmerz und Qual kochten hoch. David schrie auf, ließ das Poloshirt, die Zettel und das Foto fallen und schlug mit den Fäusten gegen den Spiegel. Er zerschmetterte das Glas in ein Netz aus Splittern. Beim zweiten Schlag zersprang es in eine Wolke aus Scherben und Glasstaub. David schlug wieder und wieder gegen den Spiegel und schrie seinen Zorn heraus. Dann sackte er in die Knie, von heftigem Schluchzen geschüttelt.

Die Stimme des Gepäckträgers war nur noch ein Flüstern: »Sieht aus, als hätten Sie eine Entscheidung getroffen.«

David rappelte sich hoch, fuhr wütend herum und sah den Gepäckträger mit schmalen Augen an. »Ja, habe ich. Und jetzt lassen Sie mich hier raus!«

»Selbst, wenn das bedeutet, dass Sie dieses Gepäck für den Rest Ihres Lebens mit sich herumtragen müssen?«

David keuchte durch zusammengebissene Zähne. »Ja. Ich hatte vorher ja noch nicht einmal bemerkt, dass es da war.«

»Ich fürchte, mehr kann ich heute nicht für Sie tun.« Der Gepäckträger schob die Glasscherben beiseite und hob Poloshirt, Tickets, Bons und Foto auf. Dann legte er alles in den Koffer und zog den Reißverschluss zu.

David ging zu seinem Gepäckstück. »Kann ich jetzt gehen?«

Der Gepäckträger machte eine ausladende Bewegung mit dem Arm. »Sie haben Ihre Entscheidung getroffen und damit den Vertrag erfüllt. Vorerst.« Tränen standen in seinen blauen Augen. »Ich hoffe, Sie finden den Weg hierher zurück.«

David ließ seine Wut nicht heraus. Sie könnte ihm während

der Präsentation noch nützlich sein. »Ich komme garantiert nicht wieder«, sagte er beherrscht.

Der Gepäckträger wischte sich eine Träne von der Wange. »Ich werde trotzdem darauf hoffen. Eines Tages werden Sie möglicherweise doch das Bedürfnis dazu haben.«

David packte den Koffer und hob ihn keuchend hoch. Dieses Mal gab es keinen Widerstand, nur Gewicht. »Wer auch immer Sie sind, das alles war sehr … interessant. Aber jetzt muss ich dringend los, um meine Karriere zu retten.«

Der Gepäckträger machte Platz und öffnete die Tür. »Das Angebot steht. Sie wissen, wo Sie mich finden. Dieses Mal ist Ihnen das ja auch gelungen.«

»Ja, schon klar.« David spähte aus dem Warteraum und erwartete den unendlichen Flur. Stattdessen sah er eine große schwarze Tür, die offen stand. Dahinter war die Straße.

KAPITEL 27

Gillians Herz pochte. Sie sah der Fremden im Spiegel tief in die Augen.

Sie war ... schön? Unter den haselnussbraunen Augen waren gar keine dunklen Ringe zu sehen. Ihre blonden Haare waren ordentlich und sauber frisiert, trotz des frühen Flugs. Sie betrachtete ihr ganzes Spiegelbild. Die Bluse war glatt, die Stoffhose frisch und ebenfalls kein bisschen knittrig und ihre Oberschenkel waren keine massigen Hammelkeulen, wie es ihr bisher vorgekommen war.

»So nimmt dich der Rest der Welt wahr«, sagte der Gepäckträger hinter ihr. »Es wäre toll, wenn du sehen könntest, was wir alle sehen.«

Gillian hob atemlos eine Hand und bewegte ihre Finger, die sie immer ziemlich faltig für ihr Alter und außerdem irgendwie wurstig empfunden hatte. Die schlanken Finger ihres Spiegelbilds taten dasselbe. »Ich hatte ja keine Ahnung ...«

»Ich glaube, du wolltest dir auf eine gewisse Art auch nicht zugestehen, eine Ahnung zu bekommen.«

Die Fremde aus dem Spiegel erwiderte ihren Blick. Eine Fremde, die sie an ihr jüngeres Ich erinnerte, bevor die Jahre, drei Söhne und viel Trostschokolade ihren Tribut gefordert hatten. Die Schwere, die Gillian ständig zum Seufzen gebracht hatte, war fort. Sie fühlte sich ... gut. Sogar mit sich selbst und ihrem Leben.

Ihr Spiegelbild sah erst über die linke, dann über die rechte Schulter. Dann zwinkerte es ihr zu und sah zu Boden. Gillian fiel die Kinnlade herunter.

Nebelwölkchen waberten um die Füße ihres Spiegelbilds. Gillian sah an sich herunter – nichts. Im Spiegel wurden die marmorweißen und dunkelgrauen Wolken größer und größer, bis sie den ganzen Warteraum ausfüllten, ein hypnotisierendes Wogen und Rollen aus Rauch.

Gillian erschrak, als sie hinter ihrem Spiegelbild Bewegung wahrnahm. Geisterartige Figuren schwebten von einer Seite zur anderen und flogen durch das Grau.

Eine von ihnen trat neben die Spiegel-Gillian. Ihr Umriss wurde sichtbar. Die Gestalt überragte sie um einen Kopf, eine Größe, die ihr vertraut war. Die Wolken zogen sich zurück und Farbe rollte in Wellen durch die Silhouette, ein schimmerndes Kaleidoskop, das die Figur von den Rändern her ausfüllte. Ein Gürtel tauchte um deren Taille auf, der einem sehr ähnlich war, den Gillian schon Tausende Male vom Boden aufgehoben hatte. Sie sah beige Chinohosen und ein blaues Poloshirt, auf dessen Brustbereich ein Firmenlogo gestickt war. Shirts wie dieses hatte sie schon unzählige Male gewaschen.

Gesichtszüge materialisierten sich – freundliche blaue Augen, lockiges braunes Haar, das langsam schütter wurde, und ein freches Grinsen, das sie zugleich fuchsteufelswild machen und dahinschmelzen lassen konnte. Das Gesicht ihres Mannes.

Rick sah sie im Spiegel an und hörte nicht auf, bis über beide Ohren zu grinsen. Ihr Spiegelbild erwiderte seinen liebevollen Blick.

Gillian sah lächelnd zu, wie ihr Spiegelbild Ricks Hand nahm. Links neben ihr teilte sich der Rauch und drei kleinere Figuren entstanden, eine größer, die anderen beiden etwas kleiner. Puzzleartig rollten Farben über sie und füllten sie mit Details. Fahrradhelme und aufgeschürfte Knie. Unterschiedliche Socken und löchrige Basketballschuhe. Ihre Jungs. Sie sahen voller Bewunderung und inniger Liebe zu ihrem Spiegelbild auf. Tyson nahm im Spiegel ihre Hand und drückte sie.

Der Damm brach und Gillian begann zu weinen. »Was ...?«

Die Stimme des Gepäckträgers ertönte hinter ihr, über ihr, um sie herum. »Sieh hin.«

Rick ging einen Schritt zurück und begann langsam in die Hände zu klatschen. Ihre Jungs stimmten in den Applaus für ihre Mutter ein. Ihr Jubel schwoll an. Gillians Spiegelbild genoss den Dank sichtlich und stand mit erhobenem Kopf da.

Die Tränen liefen Gillian übers Gesicht. Ihre Familie sah sie als die, die sie war. Aus der Szene sprach so viel Liebe ... und noch etwas schwer zu Fassendes. Ihr Spiegelbild gab ihr das Gefühl ...

Gillian sah hinter sich. Ihre Familie war nicht da, nur der Gepäckträger. Er applaudierte mit und nickte sichtlich bewegt in Richtung Spiegel.

Ein gleißendes weißes Licht strahlte plötzlich im Spiegel auf. Gillian musste ihre Augen abschirmen. Ranken aus goldenem Licht lösten sich vom Spiegel und wuchsen in ihre Richtung. Gillian hob eine Hand und sie legten sich um ihre Finger. Sie pulsierten. Streichelten ihre Haut. Strahlten Wärme aus, Liebe – und noch etwas.

Annahme.

Weitere Lichtranken streckten sich nach ihr aus, streichelten ihr über die Wangen, die Haare und fügten sich zu einer warmen Umarmung zusammen. Gillian ließ den Tränen freien Lauf und atmete tief durch. Sie wollte diese Bestätigung einfangen und festhalten.

Im Spiegel trat Rick wieder vor und legte seinen Arm um seine Frau. Er sah Gillian an und fing an zu sprechen. Sie hörte zwar nichts, spürte aber die Resonanz seiner Worte tief in ihrem Inneren: »Gillian, du bist mehr als gut genug.«

Die Lichtranken ließen sie los und kehrten in den Spiegel zurück. Das gleißende Licht ließ nach und wurde schwächer.

Die Rauchschwaden schoben sich wieder heran und lösten die Figuren langsam auf. Nach einem letzten Händedruck von Tyson waren die Jungs verschwunden. Rick lehnte sich vor und gab Gillians Spiegelbild einen Kuss auf die Wange, dann wich auch aus ihm die Farbe. Ihre Familie war fort. Einen Augenblick später hatten sich die Rauchschwaden aufgelöst und Gillian sah nur noch ihr Spiegelbild, das Wärme und Zufriedenheit ausstrahlte, als sei sie gerade aus der Badewanne gestiegen.

Gillian sah an sich selbst herunter. Was sie im Spiegel sah, entsprach der Wirklichkeit.

Sie wischte sich mit dem Handrücken die Tränen von den Wangen und drehte sich um. Dann sah sie den jungen Mann an, der sich gerade ebenfalls über das Gesicht fuhr. »Wer sind Sie?«

Er straffte sich und tippte sich an die Kappe. Die schwarzen Locken hüpften über seiner Stirn. »Ich bin der Gepäckträger. Und jetzt zeige ich Ihnen, wo der Ausgang ist.«

KAPITEL 28

Michaels Blick folgte dem Fingerzeig des Gepäckträgers zum offenen Koffer. Was war denn noch darin, um das er sich kümmern müsste?

Tatsächlich, da war noch etwas; oben auf dem vertrauten Braun seiner Mappe lag eine letzte Urkunde. Eine Urkunde, die nicht von der Serviceton High School stammte. Trotzdem sah sie vertraut aus. Eine Urkunde über künstlerische Verdienste, mit seinem Namen darauf. Michael spürte den Stolz vergangener Zeiten – bis er unten den Kommentar in dicker Schrift entdeckte.

Nicht gut genug.

Er war Michael noch nie aufgefallen. Eigentlich hatte er seine ganzen Urkunden und Zertifikate in einem Ordner gesammelt, der einen Ehrenplatz direkt neben seiner Portfolio-Mappe im Regal in seinem Zimmer hatte. Keines seiner Werke war je so bemängelt worden. Wie auch, es hatte sie ja nie jemand zu Gesicht bekommen, der das hätte tun können. Aber irgendwie kam ihm die schwere Handschrift bekannt vor. Sehr bekannt.

»Wo kommt die denn her?«

Der Gepäckträger lehnte sich traurig auf dem Sofa zurück. »Die ist schon sehr lange in deinem Gepäck.«

Michael starrte auf die dicke schwarze Tinte. »Wessen Handschrift ist das?«

»Du kennst die Antwort.«

Plötzlich stand ihm die Aufgabenliste vor Augen, die sein Vater an jedem Wochenende für ihn schrieb – und das schon, seit Michael fünf war.

»Das wird die schwerste Aufgabe«, sagte der Gepäckträger leise.

Das ist alles? Ein Blatt Papier? Ich gebe es ab und versuche zur Uni zurückzukommen. Das klingt doch alles andere als schwer?!

Michael griff in den Koffer, doch seine Hand schien von etwas Unsichtbarem zurückgehalten zu werden – es war wie eine magnetische Barriere, die seine Finger abstieß. Er zog sie zurück und warf dem Gepäckträger einen verwirrten Blick zu. Der nickte ihm ermutigend zu.

Michael versuchte es noch einmal. Zuerst fing sein Daumen an zu zittern, dann ging es auch auf die anderen Finger über. Seine Hand wurde von einer Kraft erfasst, die selbst seinen Arm noch durchschüttelte. Michael zog ihn verblüfft zurück.

Der Gepäckträger hockte sich neben ihn und legte ihm eine Hand auf die Schulter. »Nicht aufgeben.«

Ein drittes Mal wagte Michael einen Versuch, den Widerstand zu überwinden. Seine Finger krümmten sich und sein Arm begann gleich wieder zu zittern. Er nahm all seine Kraft zusammen. Seine Finger zuckten und dann, mit einem Ruck, durchbrach er die Barriere und bekam die letzte Urkunde zu fassen. In ihm brandeten Gefühle auf, tobten, raubten ihm den Atem. Ungebetene Tränen fielen auf das Papier und verschmierten den Kommentar. Vergeblich versuchte er, dem Ansturm von Empfindungen standzuhalten.

»Hier.« Der Gepäckträger hatte die Mappe genommen und hielt sie Michael nun hin. Die andere Hand streckte er nach der Urkunde aus.

Michael nahm seine Mappe und wollte dem Gepäckträger die Urkunde geben, aber dieser Teil des Austauschs klappte nicht. Michaels Finger wollten nicht – *konnten* nicht – loslassen. Er befahl ihnen, den Griff zu lösen, aber sie gehorchten nicht. Panik stieg in ihm auf. »Was ist hier los? Ich kann die Hand nicht öffnen.«

»Das ist nicht ungewöhnlich.«

»Was? Ich will doch nur dieses Stück Papier loslassen!«

Der Gepäckträger schüttelte den Kopf. »Du lässt viel mehr los als nur das. Und das fällt den meisten Leuten nicht leicht.«

»Warum sollte ich damit denn Schwierigkeiten haben?«

»Weil es dich so sehr geprägt hat.« Aus blauen Augen sah ihn der Gepäckträger voller Mitgefühl und einer Spur Wehmut an. »Was hast du mir geantwortet, als ich meinte, du hättest das Stipendium sowieso nicht bekommen?«

Michael zermarterte sich den Kopf, aber er wusste es nicht mehr.

»Eben. Du hast nichts gesagt. Kein Protest. Keine Verteidigung. Kein Widerspruch. Es war, als wärst du im Grunde einverstanden mit dem, was ich gesagt hatte.«

Vielleicht war ich das ja auch. »Könnte gut sein.«

»Dein Gepäck bestimmt dich, Michael. Dein Dad hat dir jahraus, jahrein gesagt, du seist nicht gut genug, und das hat Spuren hinterlassen.« Der Gepäckträger drehte die Mappe in seinen Händen. »Die hier sind großartig! Du hast vielleicht heute eine Chance verpasst, andere Menschen mit deiner Kunst zu beeindrucken, aber es wird nicht die letzte gewesen sein. Wenn du allerdings hier rausspazierst, ohne loszulassen, dann ...«

Michael kämpfte mit seinen Emotionen, doch immer noch konnte er die Urkunde nicht freigeben.

»Du bist ein talentierter Künstler«, sagte der Gepäckträger.

Neue Tränen suchten sich still ihren Weg über Michaels Wangen.

»Also, was sagst du?«

Michael wiederholte den Befehl an seine Finger. Das handschriftliche Urteil am unteren Rand der Urkunde verschwamm vor seinen Augen. Sein Körper wurde von einem Schluchzen erfasst.

Minuten vergingen, vielleicht auch Stunden. Michael spürte ein leichtes Zucken im Zeigefinger – ein winziger Muskelkrampf. *Ich muss loslassen.* Wieder ein Zucken, dieses Mal stärker. *Ich muss loslassen!* Da gehorchten seine Finger endlich und sprangen auf. In diesem Augenblick hob sich mehr als nur eine Last von seinen Schultern. Er fühlte sich leicht, als würde die Schwerkraft nicht mehr für ihn gelten. Er hatte das, was ihn so lange gefesselt und behindert hatte, überwunden.

Michael schnappte sich seine Mappe und drückte sie an sich.

Der Gepäckträger nickte gerührt. »Gratuliere! Du bist weiter gekommen, als die meisten Menschen es je schaffen. Du bist tatsächlich ein Künstler, Michael.«

Die Worte fühlten sich an wie eine warme Decke. Sie waren nicht nur angenehm, sie waren ... wahr. Er *war* ein Künstler.

Wie aufs Stichwort mischten sich altbekannte, unbehagliche Zweifel unter seine Gedanken. Die Stimme seines Vaters flüsterte in seinem Kopf und er senkte den Blick zu Boden.

»Komm mit.« Der Gepäckträger half ihm auf, legte ihm einen Arm um die Schulter und führte ihn zum Wandspiegel. »Und jetzt schau hin.«

Mit wackligen Knien folgte Michael der Aufforderung. Die Situation kam ihm etwas albern vor, aber zugleich war er noch benommen vom Gespräch mit diesem seltsamen jungen Mann und dem, was auch immer da gerade passiert war.

»Was siehst du?«

Michael betrachtete sein Spiegelbild und das des Gepäckträgers. »Mich, wieso?«

»Ich habe nicht gefragt, *wen* du siehst. *Was* siehst du?« Der Gepäckträger klang fast ein bisschen aufgeregt.

Michael sah den Gepäckträger im Spiegel fragend an. Er nahm verlegen seine Mappe von einer Hand in die andere, klappte sie auf und betrachtete die Striche und Linien, die er gezogen hatte.

Die Worte kamen ihm zuerst in den Kopf, aber ungewöhnlicherweise platzten sie fast genauso schnell aus ihm heraus: »Ich sehe einen Künstler.«

»Was siehst du?«, fragte der Gepäckträger nach, als wollte er sichergehen, dass er Michael richtig verstanden hatte. Seine Stimme schien aus weiter Ferne zu kommen.

»Ich sehe einen Künstler«, sagte Michael fest.

Auf einmal war das Spiegelbild des Gepäckträgers verschwunden. Die Oberfläche des Spiegels schimmerte wie flüssiges Quecksilber.

Eine Figur tauchte in der Flüssigkeit auf und nahm den größten Teil des Spiegels ein. Es war ein Mann Ende dreißig, mit Ziegenbart und einem T-Shirt mit dem typischen Liniengewirr von Jackson Pollock. Kleine runde Brillengläser verbargen Augen, die Michael schon Tausende von Malen gesehen hatte.

Seine eigenen Augen.

Wie konnte das sein? Der Mann war mindestens zwanzig Jahre älter als er!

Die Stimme des Gepäckträgers war hinter ihm. Über ihm. Überall. »Was siehst du?«

Michaels eigene Stimme blieb stark und kräftig. Voller Überzeugung. »Ich sehe einen Künstler.«

Die Figur im Spiegel lächelte und wandte sich ab. Der Hintergrund füllte sich und zeigte einen großen Raum mit Punktstrahlern, deren Licht von weißen Wänden auf polierten schwarzen Beton reflektiert wurde. Skizzen in schmalen Rahmen wurden durch die Beleuchtung gekonnt in Szene gesetzt.

Michael erkannte den Raum – die langen Rillen im Holzfußboden, das nackte Weiß der Wände, die Gruppen von Strahlern – auch wenn er nur ein einziges Mal dort gewesen war. Es war das Museum of Modern Art in New York, der Ort seiner kühnsten Träume.

Der Mann im Spiegel bewegte sich auf die Wand mit den Skizzen zu. Links und rechts von ihm tauchten Menschen auf, Champagnergläser in der Hand. Sie klopften ihm anerkennend auf den Rücken und scharten sich um ihn, um Selfies zu machen.

Michael ließ die Szene mit einem Lächeln auf sich wirken und versuchte, die eingerahmten Skizzen zu identifizieren. Er erkannte die von seiner ersten Freundin und sein Selbstporträt. Daneben hing die Skizze seiner Mutter, sein erster ernsthafterer Zeichenversuch überhaupt. Sein Kunstlehrer hatte dazu gemeint, sie zeuge von einem Talent, das er unbedingt weiterverfolgen solle.

An der gegenüberliegenden Wand entrollte sich von der Decke her ein Banner: *Michael Downer, die Anfänge*. Sein zukünftiges Ich stand vor seinen Skizzen und lächelte breit für die Fotos. Es hatte vieles von dem, wonach Michael sich sehnte.

Ein Ziel.

Selbstbewusstsein.

Zufriedenheit.

Das Bild im Spiegel flackerte und verschwand langsam. Michael streckte instinktiv die Hand aus, um den Vorgang aufzuhalten, doch die Fläche verwandelte sich bereits zurück.

»Deine Zukunft«, erklang die Stimme des Gepäckträgers neben ihm. »Die, die auf dich wartet, wenn du annehmen kannst, wer du bist, und dich traust, deine Träume zu verfolgen.«

Michael wurde schwindlig bei dem Versuch, das alles zu verarbeiten. Er würde also tatsächlich Künstler sein. Alles würde gut werden. Im Spiegel war wieder sein eigenes Spiegelbild zu sehen, das die Mappe vor der Brust fest umklammert hielt.

Der Gepäckträger trat neben ihn. »Das freut mich jetzt wirklich.«

»Was denn?«

»Du seufzt nicht mehr. Das hast du ziemlich oft getan, seit du hier bist.«

»Das ist meine Zukunft?«

»Wenn du dich so annimmst, wie du bist, ja.«

Michael nickte und genoss den Frieden, der über ihn kam. Er würde Künstler sein. Vielleicht nicht gleich und nicht mit diesem Stipendium, aber irgendwann. »Gut … Wahrscheinlich sollte ich mal wieder los. Wie komme ich hier raus?«

Der Gepäckträger zog ein Handy hervor. »Ich rufe dir ein Taxi.« Er pfiff eine Melodie, während es klingelte. Endlich kam Michael darauf, welches Lied es war, und konnte nicht anders, als den Refrain mitzusingen: »R-E-S-P-E-C-T.« Lachend schüttelte er den Kopf. Er hätte es eigentlich sofort wissen müssen – er hatte den Song oft genug aus der Küche gehört, wenn seine Mutter Kuchen backte.

Michael zog den Reißverschluss seines Koffers zu und prüfte vorsichtig, ob er ihn anheben konnte. Es gelang ihm mühelos.

»Das Taxi ist unterwegs, ich habe deinen Namen durchgegeben.« Der Gepäckträger reichte ihm die Hand. »Hat mich gefreut, Michael. Ich bin sehr froh, dass wir uns begegnet sind.«

Michael lächelte. »Ach ja, was war noch mal mit der Chance, die da auf mich wartet?«

Der Gepäckträger erwiderte das Lächeln und zwinkerte ihm zu. »Du wirst schon sehen.«

KAPITEL 29

Das grelle Sonnenlicht ließ David blinzeln. Die Hitze hier draußen war immer noch unerträglich. Er ließ den Blick über die Straße schweifen und lief auf die Kreuzung zu.

Ein einzelner Wagen tauchte auf. Es handelte sich um ein Taxi, das sich angesichts der menschenleeren Straßen wohl verfahren haben musste. Ein Glücksfall, denn das, mit dem er gekommen war, war natürlich längst über alle Berge. Er setzte den Koffer ab und winkte das Taxi heran.

Der Wagen wurde langsamer und das Beifahrerfenster wurde heruntergelassen. »Michael Downer?«

David warf einen verstohlenen Blick nach links und rechts. Dann würde er eben für die nächsten zehn Minuten Michael Downer sein. »Äh, ja, das bin ich.« Er öffnete die Tür, aber der Fahrer hatte sein Zögern bemerkt und musterte ihn argwöhnisch. »Ach ja? Darf ich mal Ihren Ausweis sehen?«

David ließ die Schultern hängen. Schachmatt.

Der Fahrer beugte sich herüber, zog die Tür wieder zu und fuhr davon.

David trottete die Straße hinunter, immer entlang diesem seltsamen weißen Monstrum von Gebäude. Ihm tat jetzt schon die Schulter weh vom Kofferschleppen. Sein Handy verband sich wieder mit der Welt und sein Daumen durchforstete schon die Kontakte nach Julians Nummer. Wie um alles in der Welt sollte er den ganzen Schlamassel seinem Chef erklären? Alles auf den Stress zu schieben, würde das Ganze nur noch schlimmer machen. Wenn er seinen Job verlor, würde er die Fluggesellschaft nach Strich und Faden verklagen. Sein Magen verlangte rumorend nach einer Tablette.

Sein Handy brummte. Eine Nachricht. Von Sharon.

Wenn du zurück bist, müssen wir reden.

David drückte die Nachricht mit einer lässigen Daumenbewegung weg und genoss das Gefühl der Macht, das ihn dabei durchströmte. *Und ob wir reden werden! Ich habe dir da so das eine oder andere zu sagen.* Er warf dem Gebäude, in dem er gefangen gewesen war, ein abschätziges Lächeln zu. *Mich um mein Gepäck kümmern – von wegen! Ich wusste, dass ich recht hatte.*

Sharons Name erschien auf dem Display. Jetzt versuchte sie sogar, ihn anzurufen. Erst spielte er mit dem Gedanken, sie mit dem Anrufbeantworter abzuspeisen, aber das Gefühl der Überlegenheit ließ ihn doch abnehmen. »Was ist?«

Am anderen Ende der Leitung war atemloses Schluchzen zu hören.

Es war nicht Sharon.

»Daddy, Daddy ...«

»Caitie, was ist denn los?« Sein Herz pochte schwer. Er drückte die Hand gegen seinen Brustkorb und setzte sich auf den Koffer. Der Schweiß rann ihm in kleinen Bächlein den Rücken hinunter.

Seine Tochter weinte und weinte. Sie brachte kein einziges Wort hervor.

»Caitie, Daddy ist da. Daddy ist da. Hol einmal tief Luft und dann sagst du mir, was los ist.« *Wo ist Sharon?*

Caitlin schniefte und jeder ihrer abgehackten Atemzüge gab ihm einen Stich.

»Daddy, Mommy hat alle Koffer gepackt und vor der Tür steht ein Auto.«

David rutschte das Herz in den Magen. Ein heißer Windstoß fuhr durch den Maschendrahtzaun und wirbelte eine Wolke aus Straßenstaub auf.

»Sie sagt, wir werden eine Weile bei Grandma wohnen. Fahren wir trotzdem noch zu den Prinzessinnen?«

KAPITEL 30

Michael sank der neu gefundene Mut, als ihm sein Problem wieder einfiel: Er hatte nicht genug Geld für die Zweiundzwanzig-Dollar-Fahrt zur Uni und ein weiteres Taxi zum Flughafen. Trotzdem musste er bei Coach Crosswell erscheinen und ihm irgendeine Erklärung liefern. Das war er ihm schuldig.

Das altbekannte Gefühl der Unzulänglichkeit meldete sich, aber es war anders, viel kraftloser. Er würde das hinkriegen.

Der Gepäckträger hielt ihn auf. »Mach dir keinen Kopf, ich habe das Taxi schon bezahlt.«

Michael ignorierte die Hand, die der junge Mann ihm entgegenstreckte, und umarmte ihn stattdessen stürmisch. »Danke! Danke für alles!« In diesem Moment verließen ihn die letzten Reste der Unsicherheit und des Wertlosigkeitsgefühls. Er gab dem Gepäckträger noch einen freundschaftlichen Klaps auf die Schulter.

»Habe ich doch gern gemacht.« Der Gepäckträger tippte sich an die Kappe. »Dafür bin ich da.« Er führte Michael in den Empfangsbereich und zur Tür nach draußen.

Eine Hupe verkündete die Ankunft des Taxis.

Michael ging nach draußen, den Gepäckträger im Schlepptau.

Das Fahrerfenster ging herunter und offenbarte einen jungen Mann mit offenem Hemd und akkurater Frisur. Gott sei Dank nicht der Fahrer, der ihn hierhergebracht hatte!

»Michael Downer?«

Michael nickte, stieg ein und nannte dem Fahrer die Adresse. Bei der Abfahrt sah er durch das Heckfenster zurück. Der Gepäckträger lächelte und legte die Hand an seine Kappe.

Was war diese neue Gelegenheit? Es musste eine zweite Chance sein, dem Trainer etwas vorzulaufen. Vielleicht war in seinem vollen Terminkalender eine unerwartete Lücke entstanden?

Die schwere Last, an die Michael gewöhnt war, wollte zurückkehren. Wenn es nicht um einen Testlauf für den Trainer ging, dann würde er sich Dads Zorn und Enttäuschung stellen müssen. Es graute ihm schon jetzt davor. Ein weiterer verzweifelter Gedanke schoss ihm durch den Kopf: Er würde also Künstler werden, aber wie sollte er es bis dahin schaffen? Sein Vater würde ihm niemals das Kunststudium finanzieren; das hatte er klargestellt, seit Michael einen Stift halten konnte.

Sein Handy hatte wieder Empfang und zeigte eine neue Sprachnachricht an.

Coach Crosswell?

Nein.

»Hallo Michael, hier ist Robyn Tonkin vom Kunstinstitut der Clarendon University. Ihr Kunstlehrer hat mir einige Beispielarbeiten von Ihnen geschickt und ich muss sagen, ich bin beeindruckt. Soweit ich weiß, sind Sie hier an der CU, um sich das Leichtathletikprogramm anzusehen, aber ich würde mich gerne mit Ihnen hier am Kunstinstitut treffen und darüber sprechen, ob Sie sich nicht auch eine Zukunft in unserem Bereich vorstellen könnten. Es gibt auch ein Stipendium, das Sie interessieren könnte. Rufen Sie mich bitte zurück.«

Das war sie also, seine große Chance. Sein Herz wollte seinen Brustkorb sprengen und er umklammerte die Mappe noch fester.

Er konnte es schaffen.

Michael sah nach hinten. Die immer kleiner werdende Gestalt des Gepäckträgers tippte sich noch einmal an die Kappe.

KAPITEL 31

Gillian stand auf der Straße und blinzelte, bis sich ihre Augen an das grelle Sonnenlicht gewöhnt hatten. Sie schwebte fast und konnte nicht anders, als zu lächeln. Becky würde sauer auf sie sein, weil sie so viel Zeit gebraucht hatte, um sich um ihr Gepäck zu kümmern. Sie würde sich bei ihr entschuldigen müssen, aber das war nicht schlimm. Was sie gerade erlebt hatte, war das mehr als wert.

Sie ging über die Straße zu Beckys Auto. Der Audi sah etwas staubiger aus als vorher.

Gillian warf ihren Koffer auf den Rücksitz und schlüpfte auf den Beifahrersitz. »Es tut mir sehr leid, dass es so lange gedauert hat.« Sie machte sich auf Beckys Angriff gefasst.

Becky sah von ihrem Handy auf. »Wovon redest du? Du bist gerade mal fünf Minuten weg gewesen. Wir sind fast wieder im Zeitplan!«

Verstohlen blickte Gillian auf die digitale Zeitanzeige. Becky sagte die Wahrheit. Wie konnten das nur fünf Minuten gewesen sein?

Gillian lächelte in sich hinein und klappte die Sonnenblende herunter, um sich im Spiegel anzusehen. Ihr Spiegelbild sah aus wie das letzte, das sie im Gepäckdepot gesehen hatte. Die Tränensäcke stachen nicht so deutlich hervor wie sonst und ihre Augen funkelten.

Becky fuhr los und Gillian pfiff gedankenverloren die Melodie, die ihr so bekannt vorgekommen war. Da fiel ihr plötzlich der Text ein und sie begann laut zu singen: »You're beautiful / you're beautiful, it's true.« Gillian schmunzelte und sah aus dem Fenster. *Das* hatte er gepfiffen!

Aus dem Augenwinkel merkte sie, wie Becky sie musterte.

»Na, deine Laune hat sich ja gebessert! Also ist jetzt alles klar?«

»Klarer, als du dir vorstellen kannst.« Gillian wandte sich ihrer Schwester zu. »Wann treffen wir uns denn mit Brent?«

Der Audi wurde unmerklich langsamer und Beckys Blick in den Innenspiegel kam ihr etwas zu lang vor.

Gillian beschloss, nicht lockerzulassen. Es war eine wichtige Frage. »Es interessiert mich wirklich, wie es ihm geht.«

Becky schwieg, was an sich schon ungewöhnlich war. Gillian betrachtete ihre Schwester, die Superheldin, die ihren Umhang brauchte. Die kleinen Fältchen um ihre Augen wurden tiefer und erste Tränen sammelten sich.

»Wenn wir schon essen gehen, um uns auf den neusten Stand zu bringen, dann möchte ich gern wissen, wie du dich fühlst und was dich beschäftigt. Es ist schon viel zu lange her, dass wir miteinander geredet haben, ich meine, so richtig.«

Die Fingerknöchel ihrer Schwester am Lenkrad wurden weiß. »Habe ich dir eigentlich erzählt, dass Jessicas Hochzeitskleid nach der Vorlage eines Designs aus dieser Hollywood-Hochzeitsshow gefertigt wurde?«

Gillian sah im Seitenspiegel zurück auf das immer kleiner werdende weiße Gebäude. Eine einzelne Person stand davor und sie konnte gerade noch ausmachen, wie sie ihre marineblaue Kappe abnahm.

EPILOG

Der Gepäckträger lehnte an seinem silbern glänzenden Gepäckwagen in der verlassenen Gepäckausgabe im Flughafen. Die Bänder standen alle still.

Ein dumpfes Rumpeln aus der Ferne kündigte die nächsten Flugzeuge mit neuen Passagieren an, die Hilfe mit ihrem Gepäck brauchen würden. Mit einem Lächeln nahm er wahr, wie die Bildschirme flackernd zum Leben erwachten und die Welle aus Reisenden in seine Richtung lenkten.

Junge Rucksacktouristen, sorgenfrei und weder einem Zeitplan noch einer Uhr verpflichtet.

Mütter mit ihren Kleinkindern auf dem Arm, erleichtert, der Enge des voll besetzten Flugzeugs entkommen zu sein.

Kinder, die vor müden Eltern herstürmten, weil diese es längst aufgegeben hatten, sie zur Langsamkeit zu ermahnen.

Rentner auf Urlaubsreisen, auf die sie ihr Leben lang gespart hatten.

Geschäftsleute, die entweder vor den Machenschaften um einen Deal flüchteten oder geradewegs darauf zustürzten.

Sie alle kamen in seine Richtung.

Einige kämpften mit Rucksäcken und vollgestopftem Handgepäck, als könnten sie das Gewicht kaum schultern. Andere rannten, als wollten sie der Zeit ein Schnippchen schlagen. Wieder andere trödelten, als würden sie erst mit dem Abholen ihres Gepäcks eine Reise antreten, die sie am liebsten gar nicht gemacht hätten.

Der Gepäckträger lächelte und tippte sich angesichts der anrollenden Menschenmassen an seine Kappe. Dann wendete er mühelos seinen Gepäckwagen und schlenderte auf sie zu. Dabei pfiff er vergnügt eine Melodie.

NACHWORT DES AUTORS

Liebe Leserin, lieber Leser! Danke, dass Sie *Der Gepäckträger* in die Hand genommen haben. Ich freue mich, dass Sie die Geschichte nicht nur gelesen, sondern auch auf sich wirken lassen haben, eine Geschichte, die mir beim Schreiben viel Freude bereitet hat.

Wir alle haben unser Gepäck. Manches davon haben wir selbst gepackt und tragen es bereitwillig mit uns herum. Anderes wurde uns ohne unser Zutun aufgebürdet und wir wuchten es aus Freundlichkeit oder Pflichtgefühl von einem Ort zum andern. Und wieder anderes wurde hinzugefügt, ohne dass wir davon wissen.

Egal, wie es zustande gekommen ist, wir spüren sein Gewicht.

Die folgenden Fragen sind weder als Hausaufgaben gedacht noch als eins dieser Arbeitsblätter, die man konzentriert von A bis Z durcharbeiten muss. Sie sollen lediglich zum Weiterdenken anregen, zu einem Gespräch, einem Austausch über Gepäck – oder darüber, was auch immer dieses Buch in Ihnen ausgelöst hat.

Was macht es mit Ihnen, wenn Sie über Ihr Gepäck nachdenken, darüber, wie es entstanden ist, und darüber, wie Sie es tragen?

Wenn es hilft, könnte ich eine kleine Melodie pfeifen, die Ihnen irgendwie bekannt vorkommt ...

Ihr
David Rawlings

FRAGEN ZUM WEITERDENKEN

Kapitel 1–7

- Kennen Sie Menschen, denen man es ansieht, dass sie Gepäck zu tragen haben? Woran sieht man es?
- Können Sie sich mit einer der Figuren in dieser Geschichte identifizieren? Wenn ja, mit welcher am ehesten?
- Erkennen Sie Menschen aus Ihrem Leben in diesen Figuren wieder? (Wenn ja, leihen Sie ihnen doch dieses Buch.)
- Kennen Sie Menschen wie Becky? Welche Wirkung haben sie auf Sie?
- Wenn Michael die Gelegenheit bekommen hätte, den Trainer zu beeindrucken, wie wäre es ihm wohl ergangen?
- Ist Davids Strategie, sich an gute Zeiten zu erinnern, ausreichend, um sich seinen Problemen zu stellen? Sollte sie es sein?
- Was ist es wirklich, was Gillian mit sich herumschleppt?

Kapitel 8–14

- Sehen Sie eine Verbindung zwischen der drohenden Schließung von Davids Abteilung und dem Gepäck, das er mit sich herumschleppt?
- Was sehen Sie in dem Gepäckdepot-Gebäude?

- Woran könnte es liegen, dass der Eingang zum Gepäckdepot für die Figuren unterschiedlich aussieht?
- Warum findet Gillian den Eingang mit Leichtigkeit, wohingegen die anderen zwei Figuren ihn erst aufwendig suchen müssen?

Kapitel 15–20

- Wie würde Ihr Warteraum im Gepäckdepot wohl aussehen?
- Was ist das Grundthema von Michaels Warteraum?
- Warum hat Gillians Warteraum auf den ersten Blick so perfekt gewirkt?
- Welche Bedeutung hat die Rostfarbe des Tuches, mit dem der Gepäckträger Gillians Brille geputzt hat?
- Welche Rolle spielt der Wecker in Davids Wartezimmer? Tickt in Ihrem Leben eine Uhr?
- Welche Bedeutung hat Davids Erlebnis in dem endlosen Flur?

Kapitel 21–27

- Finden Sie es gerecht, dass David Gepäck mit sich herumtragen muss, obwohl seine Frau diejenige war, die das Eheversprechen gebrochen hat? Wenn ja, warum? Wenn nein, warum nicht?
- Warum kann David sein Gepäck nicht einfach zerreißen und wegwerfen?
- Welche Auswirkungen hat es Ihrer Meinung nach, wenn jemand sich weigert, anderen zu vergeben? Kennen Sie Menschen, die verletzt wurden und jede Art von Vergebung verweigern? Was macht das mit ihnen?
- Zu welchem Zeitpunkt sieht der Gepäckträger jeweils David,

Gillian und Michael mit diesem besonderen Blick der Wehmut an? Was bedeutet dieser Blick?

- Michaels Gepäck wurde von seinem Vater gepackt. Was denken Sie darüber?
- Inwiefern bestimmen andere Menschen Ihr Gepäck? Finden Sie das (un)fair?

Kapitel 28–31

- Warum ist es wichtig für David, seiner Frau zu vergeben, anstatt die Sache einfach auf sich beruhen zu lassen, nachdem er das Gepäck abgegeben hat?
- Welche Bedeutung hat es, dass alle Figuren in einen Spiegel schauen müssen, bevor der Gepäckträger sie gehen lässt?
- Weshalb kostet es Gillian so viel Überwindung, in den Spiegel zu schauen? Wie würde es Ihnen gehen?
- Aus welchem Grund hadert Michael so sehr damit, die Urkunde loszulassen?
- Was hat es mit dem Gepäck auf sich, das uns prägt und unser Handeln bestimmen kann?
- Glauben Sie, dass es möglich ist, ganz ohne Gepäck durchs Leben zu gehen?
- Warum fällt es Menschen oft so schwer, ihre Probleme anzugehen?
- Welche Auswirkungen hatte es, dass Gillian sich ständig mit allen anderen verglichen hat?
- Inwiefern ist Ihre Sicht auf sich selbst – oder die Menschen um Sie herum – verzerrt? Welchen Spiegel verwenden Sie?

Mehr über den Autor auf www.davidrawlings.com.au
Facebook: David Rawlings – Author
Instagram: davidrawlingsauthor
Twitter: @DavidJRawlings

DANK

Gott: Danke für die Idee, für die Fähigkeit, ihr gerecht zu werden, und für die Hilfe beim Freischaufeln von Zeit im Kalender, um sie zu Papier zu bringen.

Meiner Familie: Danke, Nicky, Cameron, Daniella und Emily für eure Geduld, als ich dieser Idee nachgejagt bin, und meinen Eltern großen Dank für ihre unerschütterliche Unterstützung.

Dem Team bei Thomas Nelson: Der Chefredakteurin Becky Monds danke ich, dass ihr Wunsch, diese Geschichte in den Buchläden zu sehen, fast genauso stark war wie meiner; Paul Fisher und seinem Team für das Ideen-Ping-Pong und Amanda Bostic und den restlichen Mitarbeitern gebührt große Anerkennung dafür, wie sie gute Geschichten zum Leben erwecken.

James L. Rubart danke ich für die Begleitung, die Kontakte und seinen grenzenlosen Enthusiasmus; Steve Laube für die Bereitschaft, das Wagnis mit einer etwas anderen Geschichte einzugehen, und der Familie Fulwood für ihre Ideen und unsere Freundschaft.

Meinen Kollegen weltweit: Karen Sargent, Tisha Martin, Sarah Nuss, Ian Acheson und Jebraun Clifford, danke, dass ihr mich über so große Entfernung hin unterstützt – mit vielen, vielen anderen.

Den Beratern, mit denen ich gesprochen habe: Vielen Dank für die Einblicke in eure Arbeit und die Leidenschaft, mit der ihr Menschen helft, sich weiterzuentwickeln.

Die Personen in dieser Geschichte sind frei erfunden. Jede Ähnlichkeit mit echten Personen, ob lebend oder tot, ist rein zufällig, wenn auch basierend auf meiner knapp vierzigjährigen Erfahrung in der Arbeit mit Menschen.

Beim Schreiben ist kein Gepäck zu Schaden gekommen. Es wurde sich gründlich darum gekümmert – ganz wie es sich gehört.

Weitere Romane zu Themen, die bewegen

Max Lucado
Das Café zwischen Himmel und Erde
ISBN 978-3-96362-085-0
279 Seiten, Paperback
auch als e-Book erhältlich

Chelsea Chambers steht vor den Trümmern ihrer Ehe. Nachdem ihr Mann Sawyer sie betrogen hat, will sie sich und ihren Kindern eine neue Existenz aufbauen: Sie eröffnet das gemütliche Café ihrer Großmutter wieder.

Doch die Konkurrenz ist groß und das Café läuft schlecht – bis überraschend ein kostenloser Internetzugang installiert wird, über den jeder Besucher Gott genau eine Frage stellen kann, die sofort beantwortet wird. Und plötzlich rennen die Kunden Chelsea die Tür ein …

Charles Martin
Die Schleusen des Himmels
ISBN 978-3-96362-127-7
316 Seiten, gebunden
auch als e-Book erhältlich

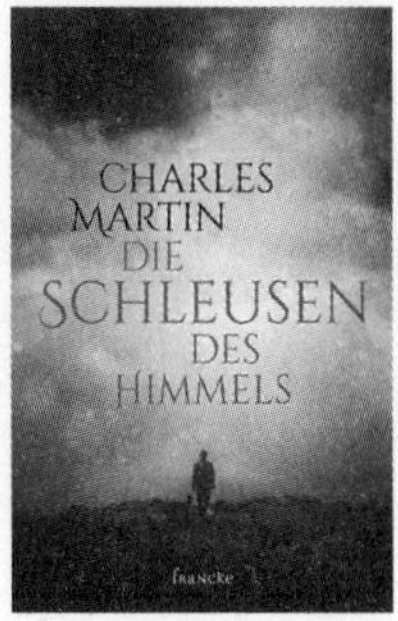

Joseph Brooks lebt zurückgezogen in einer Hütte fernab der Zivilisation – bis eine Einwandererfamilie auf der Flucht ihn dazu bringt, seine Deckung zu verlassen. Unerwartet führt die Reise mit seinen neuen Schützlingen ihn nach Cape San Blas, den Ort seiner Kindheit. Als er erfährt, dass seine Jugendliebe Allie gerade ihren zweiten Mann verloren hat, kann er nicht anders, als nach ihr zu sehen. Er bietet ihr seine Hilfe beim Wiederaufbau des Restaurants ihrer Eltern an. Doch vieles steht zwischen ihnen, nicht zuletzt ein fünfundvierzig Jahre lang gehütetes Geheimnis, das nicht nur Josephs und Allies Leben tief erschüttert hat …

Charles Martin
Ein langer Weg nach Hause
ISBN 978-3-86827-710-4
304 Seiten, Paperback
auch als e-Book erhältlich

Als Cooper O'Connor, Sohn eines bekannten Wanderpredigers, seinen Vater mit 18 Jahren Hals über Kopf verlässt, träumt er von einer Musikerkarriere im fernen Nashville. Im Gepäck hat er eine Gitarre und die Überzeugung, dass er es mit seinem außergewöhnlichen Talent schon schaffen wird. Aber die Rechnung geht nicht auf. Erst als Cooper die Sängerin Daley Cross kennenlernt, scheint sich sein Blatt endlich zu wenden.

Zwanzig Jahre später lebt Cooper zurückgezogen in den Bergen Colorados. Keiner weiß um seine Vergangenheit. Keiner ahnt, dass sich hinter den Narben dieses Mannes eine faszinierende Geschichte verbirgt. Doch dann taucht Daley plötzlich auf …

Erin Bartels
Wir hofften auf bessere Zeiten
ISBN 978-3-96362-120-8
416 Seiten, gebunden
mit Schutzumschlag
auch als e-Book erhältlich

Es ist eine seltsame Bitte, mit der ein alter Mann an die Reporterin Elizabeth Balsam herantritt: Sie soll einer Verwandten, von der sie noch nie gehört hat, eine alte Kamera und eine Schachtel Fotos überbringen. Elizabeth ist wenig begeistert. Doch dann wird ihr überraschend gekündigt und sie hat plötzlich jede Menge Zeit.

Im 150 Jahre alten Farmhaus ihrer Großtante Nora stößt Elizabeth auf eine Reihe rätselhafter Gegenstände. Welche dunklen Geheimnisse verbergen sich im Leben von Mary Balsam, ihrer Vorfahrin, die während des amerikanischen Bürgerkriegs allein auf dieser Farm zurechtkommen musste? Und warum will Nora ihr nichts über sich selbst und ihre mutige Entscheidung, in den 1960ern einen Schwarzen zu heiraten, erzählen? Je tiefer Elizabeth gräbt, desto bewusster wird ihr, welch ein Schatz in ihrer Familiengeschichte lauert – und dass die Entscheidungen ihrer Vorfahrinnen bis heute Auswirkungen haben ...

Irma Joubert
Warten auf den Wind
ISBN 978-3-96362-148-2
471 Seiten, gebunden
mit Schutzumschlag
auch als e-Book erhältlich

Südafrika, 1976:
Das Leben von Katrien Neethling ist behütet und vorhersehbar – bis eine schreckliche Tragödie die Familie erschüttert. In dieser schwierigen Situation findet Katrien in ihrer Familie nicht den Halt, den sie braucht. Als aufmüpfiger Teenager eckt sie überall an und fühlt sich schließlich als Außenseiter. Als sie hört, dass in den Townships die Polizei auf schwarze Schulkinder schießt, wird ihr Urvertrauen in die Welt endgültig erschüttert. Plötzlich ist nichts mehr, wie es war ...

Polen, 1980:
Der Student Wladek Kowalski will seinem Land zur Unabhängigkeit verhelfen. Er schließt sich der wachsenden Gewerkschaftsbewegung um Lech Walesa an und geht schließlich in den Untergrund. Aber er fliegt auf und muss fliehen. Sein Weg führt ihn nach Südafrika, zu seinem Onkel Jakob und dessen Frau Grietje. Dort begegnet er der Aktivistin Katrien Neethling ...